GUIDE
DES
MAGASINS D'USINE

Remerciements aux lecteurs
pour leurs sympathiques encouragements et leurs précieux tuyaux,
ainsi qu'à l'équipe de choc
qui a participé à l'élaboration de ce guide :
Caroline Barbe, Renaud Cazenave, Pascale Mathevon,
Grégory Vernay.

Maquette : Studio Michel Pluvinage
Couverture : Valérie Vilpellet

36, rue Fontaine
75009 Paris
Tél. : 49 70 15 55

ISBN : 2 9106 3533 3
Dépôt légal : novembre 1995

Imprimé en France
par I.M.E. - 25110 Baume-les-Dames
N° impression : 10389

GUIDE
DES
MAGASINS D'USINE

Rhône-Alpes

01 - 07 - 26 - 38 - 42 - 69 - 73 - 74

Éditions Fontaine

Sommaire

Introduction

LE PHÉNOMÈNE DES MAGASINS D'USINE

Après la période de dépenses ostentatoires des années 80, le consommateur — crise oblige — est devenu attentif aux prix. Les signes de cette conversion abondent :

- les ventes en duty-free ont triplé au cours des dix dernières années ;
- des hard discounts se créent un peu partout ;
- les soldes connaissent un succès constant.

Mais le consommateur est surtout devenu avisé. Aux articles bon marché, il préfère un bon rapport qualité-prix. À quoi sert, en effet, d'acheter moins cher si la soi-disante économie se traduit par une réduction de la durée de vie de l'article ! C'est sur cette vague que surfent les magasins d'usine. Le consommateur n'hésite pas à faire des kilomètres, accepte d'être en retard d'une mode et tolère certains défauts d'aspect pour s'offrir des articles de qualité à petits prix.

En 1993, plus d'un million de personnes sont venues faire leurs achats à Troyes, soit plus de trois fois la population du département. Les articles de grandes marques vendus à des prix défiant toute concurrence exercent un véritable attrait. Un organisme de consommation a calculé que le client économisait dans les centres commerciaux de magasins d'usine en moyenne 44,4 % sur ses achats.

Quels sont ces magasins d'usine qui suscitent un tel engouement ?

LES MAGASINS D'USINE

Le phénomène des magasins d'usine a débuté dans les années 60. À l'époque, l'entreprise réservait la vente des articles déclassés à son personnel. Depuis, l'intensification de la concurrence internationale a incité les fabricants à produire des séries plus importantes pour réduire leurs coûts et à mettre en place des contrôles de qualité plus rigoureux. Les consommateurs, de leur côté, sont devenus plus versatiles avec l'accélération de la mode. La conjonction de ces deux phénomènes a provoqué un accroissement des stocks d'invendus. Les fabricants se sont alors tournés vers le grand public pour les écouler.

Ils ont organisé des ventes sur leur site de production puis dans des magasins. Depuis une dizaine d'années, des centres commerciaux de magasins d'usine ont vu le jour.

Le guide distingue trois types de magasins :

- le fabricant : usine qui vend sa production actuelle ou ses stocks sur son site de production ;
- le magasin de fabricant : fabricant qui écoule sa production actuelle ou ses stocks d'usine dans ses propres magasins ;
- le revendeur : magasin de détail spécialisé dans la vente de stocks d'usine.

Par « production actuelle » on entend les articles de la saison en cours, et par « stock d'usine », les prototypes, modèles d'exposition, échantillons, articles prélevés pour tests, articles avec défauts d'aspect, fins de série, collections précédentes, articles dégriffés.

Ces trois catégories de magasins sont présentées par ordre d'intérêt décroissant. Le fabricant qui vend, quelques jours par an, sur son site de production, ses stocks d'usine nous paraît être la catégorie la plus intéressante. Les coûts sont, en effet, minimisés : absence de frais de transport et de frais commerciaux (local et personnel commercial). Surtout, ce type de magasin peut pratiquer des prix réduits sans craindre d'indisposer son réseau de distribution, puisque la vente est ponctuelle et porte sur les fins de collection.

Mais il serait hasardeux de généraliser. Certains magasins d'usine ne proposent pas des prix beaucoup plus intéressants que dans le commerce. Un certain nombre de magasins de négoce utilisent abusivement la dénomination « magasin d'usine » ou « direct du fabricant ». En revanche, les sites attrayants, éloignés des circuits habituels du consommateur et discrets, sont souvent méconnus du grand public, les bons tuyaux s'échangeant de bouche à oreille. Pour toutes ces raisons, un guide s'imposait.

LE GUIDE DES MAGASINS D'USINE

La première édition du *Guide des magasins d'usine*, sur la région Rhône-Alpes, est parue en 1994. Son succès nous a incités à sortir une nouvelle édition régionale ainsi que deux nouveaux guides, sur le nord et l'est de la France, en attendant d'autres régions.

Ces ouvrages ont pour vocation d'informer le consommateur sur les magasins d'usine les plus intéressants.

Chaque site a fait l'objet d'une enquête anonyme sur place avant d'être éventuellement sélectionné. Afin de préserver l'objectivité de

l'information, toute publicité de la part des magasins d'usine a été exclue. L'ouvrage se veut être un guide d'information, fruit d'un véritable travail d'enquête, pas un guide publicitaire.
L'essentiel des informations utiles au consommateur a été collecté, en particulier des exemples de prix. Ceux-ci sont fournis à titre indicatif. Ils ne seront probablement plus d'actualité lors de votre visite, les stocks d'usine tournant rapidement et la hausse de la TVA étant intervenue entre-temps.
Les opportunités varient tout au long de l'année selon l'état des stocks des fabricants. Les bonnes affaires se méritent ! Comme à la chasse au trésor, il faut savoir faire preuve de persévérance et ne pas hésiter à « fouiner », sans idée préconçue. L'acheteur ne doit pas se fier à l'aspect extérieur du magasin, même si le décor, les conditions de confort et l'accueil sont souvent très différents de ceux d'un magasin traditionnel : articles présentés sommairement dans un entrepôt, choix des articles par tailles ou par coloris limité aux invendus, absence de joli emballage...
À la satisfaction de faire une bonne affaire s'ajoute aussi le plaisir de découvrir, au contact du fabricant, l'histoire d'une marque et ce qui fait sa renommée : les procédés particuliers de fabrication, la qualité et l'origine des matériaux utilisés, la dextérité et le savoir-faire du personnel, la sophistication de l'outil de production, les produits vedettes. Le consommateur apprend à déceler les différences de qualité et à apprécier à sa juste valeur les articles fabriqués.

Alors faites-vous plaisir, faites de bonnes affaires !

Mode d'emploi

Les magasins sont répertoriés par secteurs d'activité, par départements et enfin par ordre alphabétique. Le secteur d'activité est indiqué en haut à droite de chaque page.

Trois index en fin d'ouvrage – par magasins, par marques et par départements – permettent une recherche thématique rapide et efficace. Chaque magasin est identifié par un numéro dans le coin supérieur gauche de la fiche.

Il est recommandé de téléphoner au magasin avant de le visiter. Vous éviterez ainsi de vous déplacer pour rien. Les horaires d'ouverture peuvent, en effet, changer, ou le magasin déménager.

*La référence à l'*Atlas routier Michelin *(jaune) permet de situer rapidement un magasin. Par exemple, la référence 130 A2 indique le numéro de page de l'*Atlas *(130), puis la case dans la page (A2). Au début du guide, la carte régionale indique la zone géographique correspondant aux pages de l'*Atlas routier Michelin.

Des symboles facilitent la lecture du guide :

78 ■	*numéro d'identification du magasin nécessaire pour se repérer dans les différents index*	➜	*itinéraire*
			bus, montélibus, tram
☎	*téléphone*	M	*métro*
	fabricant		*jours et heures d'ouverture*
	magasin de fabricant	P	*parking*
	revendeur	CB	*carte de crédit*
✉	*adresse*		*cabine d'essayage*

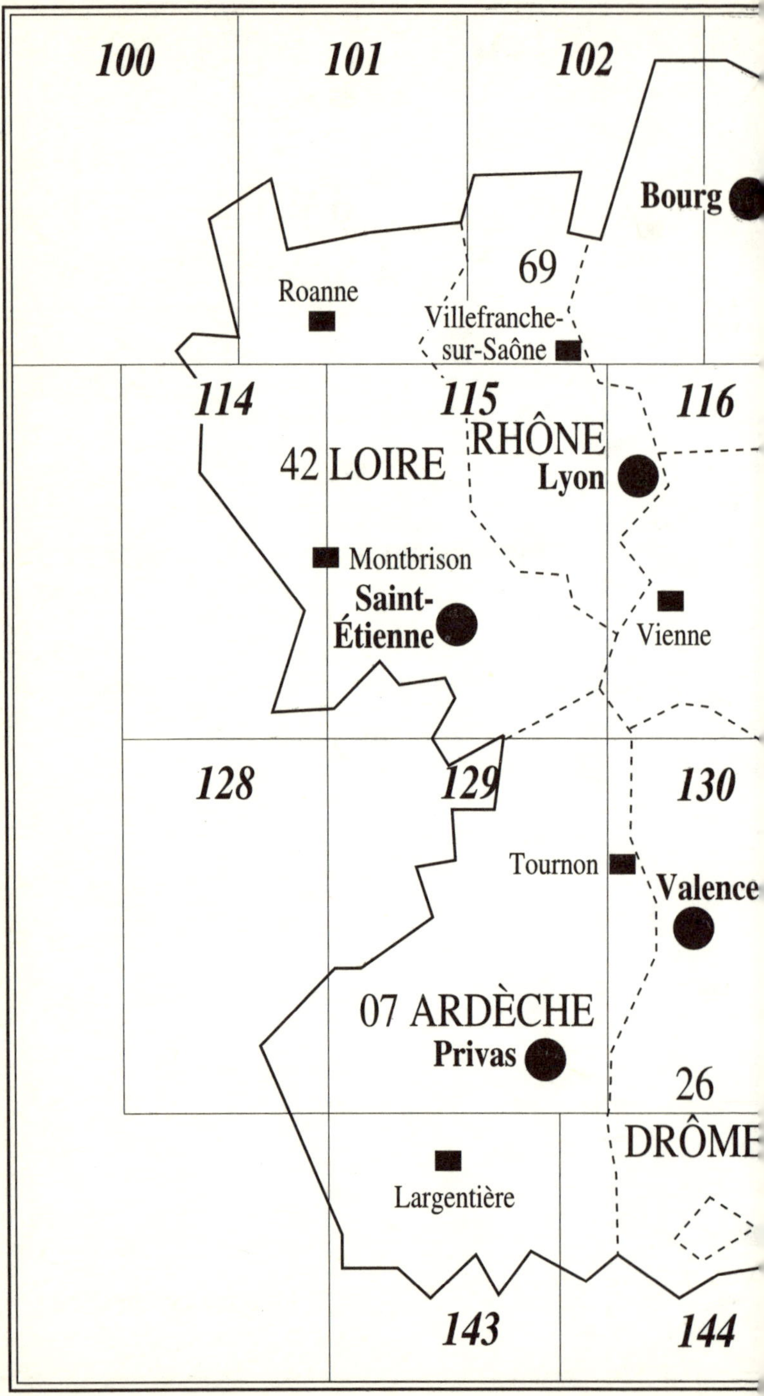

100
101
102
Bourg
69
Roanne
Villefranche-sur-Saône
114
115
116
RHÔNE
42 LOIRE
Lyon
Montbrison
Saint-Étienne
Vienne
128
129
130
Tournon
Valence
07 ARDÈCHE
Privas
26
DRÔME
Largentière
143
144

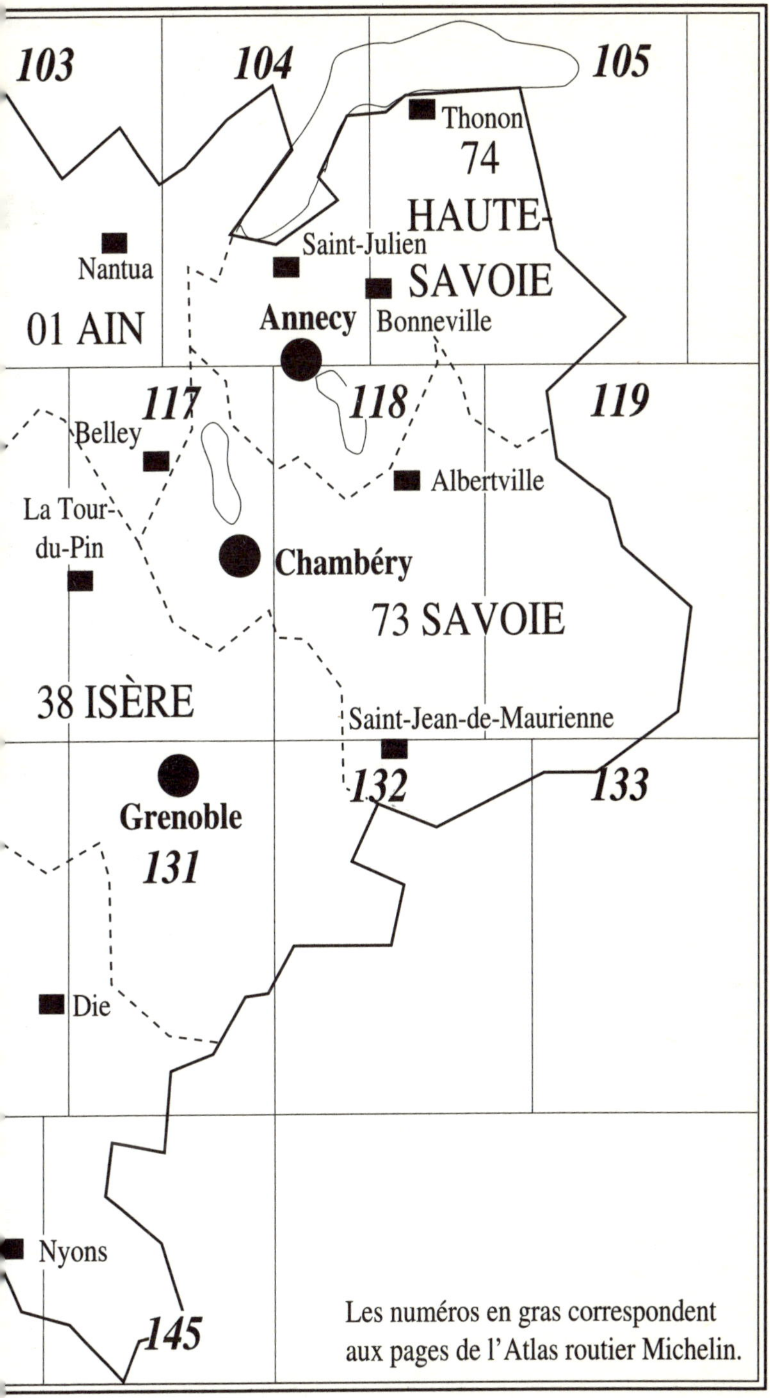
103
104
105
Thonon
74
HAUTE-
SAVOIE
Nantua
Saint-Julien
01 AIN
Annecy
Bonneville
117
118
119
Belley
Albertville
La Tour-
du-Pin
Chambéry
73 SAVOIE
38 ISÈRE
Saint-Jean-de-Maurienne
132
133
Grenoble
131
Die
Nyons
145
Les numéros en gras correspondent
aux pages de l'Atlas routier Michelin.

Accessoires automobile

1 ■ DAYTONA ☎ 76 96 80 98

Pneumatiques.

Marque : **Daytona**.

Les différents modèles de pneus automobile sont disponibles : tourisme, contact neige, sportif, 4x4, utilitaire. Les prix sont inférieurs d'environ 50 % aux prix du marché. Des prestations de montage, équilibrage et parallélisme sont proposées.

Rue de la Liberté – Zone commerciale – 38180 **Seyssins**

➜ 131 E1. Sur l'A 480 de Grenoble dans la direction de Sisteron, sortir à Seyssins. Au rond-point, tourner à droite dans la rue de la Liberté. Le magasin se trouve à gauche, après la Banque populaire.

Lignes 50, 51 et 53, arrêt Mas-des-Îles.

Ouvert du lundi au samedi de 9 h 15 à 12 h et de 14 h 15 à 19 h. Fermé le lundi matin.

P CB

2 ■ DAYTONA ☎ 77 37 54 30

Pneumatiques.

Marque : **Daytona**.

Grand choix de pneus automobile : tourisme, 4x4, sportif, contact neige, utilitaire. Exemples : pneu tourisme 155 R 13 vyc tubeless à 171 F, pneu contact neige 155 R 13 s200 tubeless à 198 F, pneu sportif 155 / 70 / R 13 vhr tubeless à 207 F.

Rue Jean-Rostand – 42000 **Saint-Étienne**

➜ 115 E4. Sur l'autoroute de Saint-Étienne dans la direction de Clermont-Ferrand, prendre la sortie Sorbiers. Se diriger vers Sorbiers par la rue Jean-Rostand. À Méons, passer devant Castorama. Le magasin est sur la droite, après le panneau « Stade Roger-Rocher ».

Ligne 7, arrêt Reveux.

Ouvert du lundi au samedi de 9 h 15 à 12 h et de 14 h 15 à 19 h. Fermé le lundi matin.

P CB

3 ■ DAYTONA ☎ 78 21 88 00

Pneumatiques.

Marque : **Daytona**.

Vente de nombreux modèles de pneus automobile : tourisme, contact neige, sportif, 4x4, utilitaire. Exemples : pneu tourisme 145 R 14 vyc tubeless à 154 F, pneu contact neige 145 R 14 s200 tubeless à 185 F, pneu sportif 145 / 70 / R 13 lhr tubeless à 191 F.

ZI Lyder – Rue Jean-Zay – 69800 **Saint-Priest**

➔ 116 B2. Le magasin se trouve sur la route d'Heyrieux (ancienne route de Lyon), face à RVI et à côté de Formule 1.

Lignes 53 et 80, arrêt Parc-Lyder.

Ouvert du lundi au samedi de 9 h 15 à 12 h et de 14 h 15 à 19 h, fermeture à 15 h le samedi. Fermé le lundi matin.

P CB

4 ■ DAYTONA ☎ 79 72 71 88

Pneumatiques.

Marque : **Daytona**.

Tous les modèles de pneus automobile : tourisme, contact neige, sportif, 4x4, utilitaire. Exemples : pneu tourisme 165 R 13 vyc tubeless à 176 F, pneu contact neige 165 R 13 s200 tubeless à 205 F, pneu sportif 165 / 70 / R 13 lhr tubeless à 231 F.

ZAC La Trousse – La Ravoire – 73000 **Chambéry**

➔ 118 A3. En se dirigeant d'Albertville dans la direction de Chambéry sur la RN 6, tourner à droite après Tousalon et suivre la direction ZAC La Trousse. Le magasin est situé sur la droite.

Ouvert du lundi au samedi de 9 h 15 à 12 h et de 14 h 15 à 19 h. Fermé le lundi matin.

P CB

Boulangerie Pâtisserie

5 ■ BISCUITERIE DE LA TOUR D'ALBON ☎ 75 31 50 41

Biscuits secs, à la cuiller, diététiques, chocolatés, petits-beurre.

Marque : **Tour d'Albon.**

Le magasin propose, entre autres, directement sortis de l'usine, la boîte de 1,7 kg de petits-beurre à 31,80 F, la boîte de quarante tranches de cake aux fruits à 48,10 F, les trois paquets de biscuits aux pépites de chocolat à 13,10 F. Quelques produits de négoce : une tablette de chocolat à la liqueur ou à la menthe à 9 F, un sachet de 400 g de caramels à 20 F.

Place Camille-Gervais – BP 2 – 26140 **Anneyron**

➜ 130 A1. Anneyron se trouve à 5 minutes de Beaurepaire. Le magasin est situé à côté de la salle des fêtes, dans une petite rue qui est en face de la mairie.

Ouvert du lundi au vendredi de 8 h à 12 h et de 13 h 30 à 17 h 30, fermeture à 16 h le vendredi.

P

6 ■ BRIOCHE PASQUIER SUD ☎ 75 57 65 01

Viennoiseries.

Marque : **Barnasson.**

Viennoiseries : croissants en sachet, pains au chocolat, brioches. Paquets de huit pains au chocolat à 8 francs.

Les Basseaux – Étoile – 26802 **Portes-lès-Valence**

➜ 130 B3. Au sud de Valence, prendre la N 7 puis la D 111 dans la direction Étoile-sur-Rhône. Avant la carrosserie Vincent, tourner dans la petite route à gauche. L'usine se trouve 1 km plus loin.

Ouvert du lundi au vendredi de 8 h 30 à 12 h 15 et de 14 h 30 à 19 h, samedi de 9 h à 12 h.

P

7 ■ RAVIFRUIT ☎ 74 84 15 99

Sorbets, fruits givrés, salades de fruits, purées de fruits, coulis, vacherins, oranges pressées, cocktails.

Marque : **Ravifruit.**

Qualité exceptionnelle de sorbets et de fruits givrés proposés dans une grande variété de parfums. Les fruits sont triés, broyés et tamisés pour en garder la pulpe et en exhaler la saveur. Les prix du sorbet au litre varient de 29,50 F à 36,50 F. Pour les fruits givrés, placés dans des coques de fruits évidées, il faut compter entre 9,50 F la portion de melons, pêches, oranges, et 12,50 F la portion d'ananas. Les coulis en boîte de 500 g vous reviennent entre 18,50 F et 25 F. Des cocktails de jus de fruits, aux noms de rêve, sont proposés à 8 F les 200 g. Prévoir la glacière, car Ravifruit ne livre pas à domicile. Une adresse rafraîchissante et 100 % naturelle !

✉ Les Jomards – 26140 **Anneyron**

➜ 116 B4. Bouge-Chambalud est situé à 10 km de Chanas dans la direction de Grenoble. À Bouge-Chambalud, tourner à droite en suivant les petites pancartes devant le bureau de poste. L'usine se trouve 3 km plus loin.

Ouvert du lundi au vendredi de 8 h à 12 h et de 13 h à 17 h.

P CB

8 ■ RHÔNE DÉLICES ☎ 76 24 62 87

Pâtisseries.

Marque : **Rhône Délices.**

Le magasin propose un grand choix de pâtisseries et de glaces. Charlotte 10-12 parts à la poire et au chocolat 89 F ; charlotte 6-8 parts à la framboise 73 F ; mousse 10-12 parts au chocolat 76 F, à la framboise 82 F ; fraisier 6-8 parts 64 F ; framboisier 8-10 parts 61 F ; forêt viennoise 10-12 parts 96 F ; vacherin 12 parts à la vanille et à la framboise 69 F ; tarte à la framboise 12-14 parts 74 F, à la fraise 83 F ; plateau de 20 petits fours 60 F. Les cartes de crédit sont acceptées à partir de 100 F d'achat.

✉ Rue du Béal – Le Colisée – 38400 **Saint-Martin-d'Hères**

➜ 131 E1. Quitter la rocade sud dans la direction de Chambéry à la sortie n° 4 Saint-Martin-d'Hères. Suivre la direction du village, puis tourner dans la première rue à droite. Le magasin est situé dans un immeuble rond : Le Colisée.

Ouvert du mardi au samedi de 8 h 30 à 12 h et de 14 h à 18 h 30, le dimanche de 9 h à 12 h.

P CB

9 ■ CAKE ROCHER ☎ 77 44 74 00

Pâtisseries.

Marques : **Cake Rocher, Perjan.**

Cakes, biscuits aux œufs. Cake nature 12 F les trois, cake aux fruits 10 F pièce, cake aux pépites de chocolat.

Les Étangs de Boisy – BP 5 – 42370 **Renaison**

101 D4. À Renaison, prendre la direction de Roanne. L'usine se trouve à 1 km sur la gauche.

Ouvert du lundi au vendredi de 8 h à 12 h et de 14 h à 18 h, le samedi de 9 h à 12 h.

P

10 ■ RHÔNE DÉLICES ☎ 78 51 64 00

Pâtisseries.

Marque : **Rhône Délices.**

Grand choix de pâtisseries et de glaces : charlotte 10-12 parts à la poire et au chocolat 89 F ; charlotte 6-8 parts à la framboise 73 F ; mousse 12-16 parts au chocolat 76 F, à la framboise 82 F ; fraisier 6-8 parts 64 F ; framboisier 8-10 parts 61 F ; forêt viennoise 10-12 parts 96 F ; vacherin 12 parts à la vanille et à la framboise 69 F ; tarte à la framboise 12-14 parts 74 F, à la fraise 83 F ; plateau de 20 petits fours 60 F. Les cartes de crédit sont acceptées à partir de 100 F d'achat.

24-26, rue de Serrières – 69540 **Irigny**

116 A2. Sur l'autoroute de Lyon-Marseille, sortir à Pierre-Bénite-Sud. À Irigny, suivre la direction du stade. Au stade, prendre la rue de la Mouche, traverser la nationale et tourner à gauche immédiatement après dans la rue de Serrières.

Ligne 15, arrêt La Mouche.

Ouvert du mardi au samedi de 8 h à 12 h et de 14 h à 18 h 30.

P CB

11 • 12 • 13 • 14 RHÔNE DÉLICES ☎ 78 23 58 64

Pâtisseries.

Marque : **Rhône Délices.**

4 magasins de fabricant sur le département du Rhône pour tous les gourmands.

Ils proposent un grand choix de pâtisseries et de glaces. Charlotte 10-12 parts à la poire et au chocolat 89 F ; charlotte 6-8 parts à la framboise 73 F ; mousse 12-16 parts au chocolat 76 F, à la framboise 82 F ; fraisier 6-8 parts 64 F ; framboisier 8-10 parts 61 F ; forêt viennoise 10-12 parts 96 F ; vacherin 12 parts à la vanille et à la framboise 69 F ; tarte à la framboise 12-14 parts 74 F, à la fraise 83 F ; plateau de 20 petits fours 60 F. Les cartes de crédit sont acceptées à partir de 100 F d'achat.

11 ■ 96, avenue du Général-Leclerc – 69300 **Caluire**

➜ 116 A2. Du sommet de la montée des Soldats, se diriger vers Rillieux, passer devant Mammouth et poursuivre tout droit. Le magasin est situé 400 m après Mammouth, sur la droite, à côté de Bâti-Eco.

Ligne 59, arrêt Chemin-Petit.

Ouvert le mardi de 15 h à 19 h ; du mercredi au vendredi de 9 h à 12 h 30 et de 15 h à 19 h ; le samedi de 9 h à 12 h 30 et de 14 h à 19 h ; le dimanche de 9 h à 12 h.

P CB

---

12 ■ 26, avenue E.-Millaud – 69290 **Craponne** ☎ **78 44 82 30**

➜ 116 A2. Sur l'avenue principale qui mène à Vaugneray, le magasin est situé presque en face de la station d'essence Esso, entre la Jardinerie et les Meubles Pardin Lagresle. Un panneau « Pâtisserie-glaces » signale le magasin.

Lignes 73 et 74, arrêt La Patelière.

Ouvert du mardi au samedi de 8 h 30 à 12 h et de 14 h 30 à 18 h 30, le dimanche de 8 h 30 à 12 h.

P CB

---

13 ■ Rue Rossif – Centre commercial des Sept-Chemins
69120 **Vaulx-en-Velin** ☎ **78 26 52 38**

➜ 116 B2. Sortir du boulevard périphérique à la sortie Genas-Les Sept-Chemins. Suivre la direction des Sept-Chemins et tourner à gauche au panneau « Centre commercial des Sept-Chemins ». Le magasin est situé en face de Continent, entre Chantemur et Malin Plaisir.

Lignes 25 et 68, arrêt Roosevelt— Centre commercial.

Ouvert le mardi de 15 h à 19 h ; du mercredi au vendredi de 9 h à 12 h 30 et de 15 h à 19 h ; le samedi de 9 h à 12 h 30 et de 14 h à 19 h ; le dimanche de 9 h à 12 h.

P CB

---

14 ■ 525, rue André-Malraux – Centre commercial du Garet
69400 **Villefranche-sur-Saône** ☎ **74 03 94 18**

➜ 102 B4. Rhône Délices se trouve à droite du Géant Casino situé dans le Centre commercial du Garet, indiqué par des panneaux à droite du centre ville.

Ouvert le mardi de 15 h à 19 h ; du mercredi au vendredi de 9 h à 12 h 30 et de 15 h à 19 h ; le samedi de 9 h à 12 h 30 et de 14 h à 19 h ; le dimanche de 9 h à 12 h.

P CB

Charcuterie
Alimentation

15 ■ HERBEPIN ÉTS ☎ 74 09 87 29

Quenelles, mousselines, soufflettes.

Marque : **Quenelle Royale**.

Une maison qui allie le savoir-faire artisanal et la rigueur industrielle. Bien sûr, ne vous déplacez pas pour trois quenelles, mais, à partir de 20- 25 pièces, Isabelle ou Évelyne sont à votre disposition pour vous servir en quenelles royales, mousselines ou soufflettes. On retiendra surtout les quenelles à la semoule de blé dur et au beurre, de qualité exceptionnelle, au brochet à 9,56 F pièce, mais aussi les quenelles plus traditionnelles, aux œufs frais et à la farine de froment, nature, brochet ou volaille entre 6 F et 8,60 F pièce. Coup de cœur pour les mini-quenelles ou soufflettes aux légumes ou au fromage, vendues entre 30 F et 33 F le kilo. Téléphonez de préférence 48 h à l'avance en cas de commande importante.

ZA du Pardy – 01480 **Frans**

➜ 102 B4. De Villefranche-sur-Saône, suivre la direction de Jassans-Bourg, puis Ars. La Zone artisanale du Pardy se trouve à droite de la départementale en direction d'Ars.

Ouvert du lundi au vendredi de 8 h 30 à 12 h 15 et de 14 h à 18 h.

P

16 ■ AUDIGIER ☎ 75 93 80 24

Charcuterie, salaisons.

Coppa douce, jambon sel sec, noix de jambon sel sec, saucissons de montagne, rosettes, chorizo, salami, saucissons secs, terrines de sanglier, de foie de volaille au madère...

Rue Vaucanson – ZI – BP 158 – 07204 **Aubenas**

➜ 143 E1. Dans la zone industrielle, à hauteur des transports Mazet, prendre la rue Vaucanson qui monte. L'usine est située à 50 m à droite.

Ouvert du lundi au vendredi de 9 h à 12 h et de 14 h à 18 h,
le samedi de 9 h à 12 h.

P

17 ■ LÉON CHAILLOT ☎ 75 33 03 22

Produits de charcuterie-traiteur.

Marques : **Léon Chaillot, Salaisons de l'Ardèche**.

Saucissons et jambons secs, jambons et épaules cuits, pâtés en croûte, charcuterie pâtissière, produits en tranches, produits de grignotage... Il est recommandé de passer commande avant de venir.

Le Bourg – 07100 **Roiffieux**

➜ 129 F1. À Annonay, suivre la direction Satillieux-La Louvesc puis Roiffieux.

Ouvert le vendredi de 8 h à 12 h.

P

18 ■ CHAIX & FILS ☎ 75 46 08 82

Poulets, pintades, pigeons, dindes, canards, lapins, bœuf, agneau, veau.

Cuisses de canard 37,80 F le kilo, canette Pac 23,20 F le kilo, rumsteak 47,50 F le kilo, faux filet 68,50 F le kilo, entrecôtes 68,50 F le kilo, foie de veau 84,40 F le kilo.

Quartier la Gare – Route de Dieulefit
26740 **Montboucher-sur-Jabron**

➜ 144 B1. Montboucher est à 1 km à l'est de Montélimar. Prendre la direction de Dieulefit, et juste avant Montboucher tourner dans une petite route à droite en face de la station d'essence BP. L'usine est le grand bâtiment moderne blanc, avec le quai de déchargement. S'adresser à la porte avec un hublot sur la gauche du bâtiment.

Ouvert du lundi au vendredi de 9 h à 12 h et de 14 h à 16 h.
Passer commande à l'avance.

P CB

19 ■ LUXOS ☎ 76 35 31 67

Produits traiteur.

Marque : **Luxos**.

Pâtés, pâtés en croûte, brioches fourrées, saucissons à cuire, tourtes, quiches, jambons. Saucisson à 75 F le kilo, jambon à 85 F le kilo. Pâté en croûte de 200 g à 12 F.

ZI La Piche – 38430 **Moirans**

➜ 117 D4. Sur l'autoroute Grenoble-Lyon, prendre la sortie Voiron. À Moirans, suivre la direction Zone industrielle La Piche.

Ouvert du lundi au vendredi de 8 h à 12 h et de 13 h 30 à 15 h 30.

P CB

20 ■ BOIZET ☎ 77 60 03 33

Charcuterie-salaisons.

Marque : **Boizet**.

Saucissons et jambons secs, salaisons sèches : noix de jambon, coppa, bacon, pancetta...

Le Bourg – BP 129 – 42190 **Charlieu**

➜ 101 E3. À Charlieu, prendre la direction de la zone industrielle, tourner à gauche dans la direction de l'hôpital. L'usine se trouve après le passage à niveau, à droite.

Ouvert du lundi au vendredi de 8 h à 12 h et de 13 h 30 à 17 h, fermé le vendredi après-midi.

P

21 ■ FOREZ PORC ☎ 77 53 83 83

Charcuterie-traiteur.

Cervelas, saucisses, saucissons, pâtés, lardons et tous les morceaux du cochon. Vente de produits traiteur : bouchées de fruits de mer, feuilletés, pizzas, quiches, salades... Jambon coupe lyonnaise à 16,80 F le kilo.

Pôle de la Viande – BP 60 – 42350 **La Talaudière**

➜ 115 E3. À La Talaudière, prendre la rue Jean-Brossy derrière l'église jusqu'aux abattoirs. L'usine se trouve derrière les abattoirs.

Ouvert du lundi au vendredi de 8 h à 13 h, le samedi de 7 h à 9 h.

P

22 ■ ROCHEBILLARD & BLEIN ☎ 74 63 95 33

Produits de charcuterie et salaisons.

Marques : **Rocheblin, Rochegro, Rochebon**.

Saucisson sec pur porc, rosette et jésus de Lyon, saucisson de montagne, noix de jambon, jambon sec. Rosette à 75 F le kilo, jambon affiné prêt à consommer à 83 F le kilo.

Le Bourg – 42780 **Violay**

➜ 115 E1. Dès l'arrivée à Violay, prendre la première rue qui monte à droite, puis au stop, à droite. L'usine se trouve 30 m plus loin, à droite.

Ouvert du lundi au vendredi de 8 h à 12 h et de 13 h 30 à 17 h, fermeture le vendredi à 16 h.

P CB

23 ■ SUCHEL ÉTS ☎ 77 71 38 19

Charcuterie, salaisons.

Marque : **Royal**.

Saucissons, rosettes, salamis, jambons. Saucisson à 75 F le kilo, jambon à 85 F le kilo.

ZA – 42120 **Perreux**

➜ 101 E4. Au Coteau, suivre la direction Perreux. Le magasin est à côté d'Intermarché.

Ouvert du mardi au samedi de 9 h à 12 h et de 14 h à 19 h.

P CB

24 ■ GAST ☎ 78 72 68 10

Charcuteries alsaciennes et lyonnaises : saucisson brioché, saucisson à cuire, cervelas truffé pistaché, choucroute...

Marque : **Gast**.

Comptez 35 F à 45 F le kilo pour les pâtés en croûte grande portion, le prestigieux Richelieu ou le forestier. Les petits pâtés cocktail aux morilles valent 48 F le kilo, les rôtis cuits 40 F le kilo, la tête roulée 31 F le kilo, la ballottine de canard 68 F le kilo et le fameux jésus cuit à 45 F le kilo. Si le fabricant n'est pas trop débordé, il vous coupera même votre marché gratuitement. Les grattons en petit carton sont offerts si vous commandez pour une réception. Une adresse délicieuse et économique.

8, rue Challemel-Lacour – 69007 **Lyon**

➜ 116 A2. La rue Challemel-Lacour est perpendiculaire à l'avenue Jean-Jaurès, à proximité de la Halle Tony Garnier. Le 8 de la rue Challemel-Lacour se trouve entre la rue Marcel-Merieux et l'avenue Jean-Jaurès.

Lignes 4 et 96, arrêt Debourg.

Ouvert du lundi au vendredi de 6 h à 12 h et de 13 h 30 à 17 h, le samedi de 7 h 30 à 10 h. Fermeture à 16 h le lundi.

25 ■ GERIN &ROCH ☎ 74 01 10 44

Pâtés en croûte nature, aux pistaches, truffé, au canard...

Marque : **Gerin et Roch**

Pâté en croûte Richelieu à 27,67 F le kilo ; pâté en croûte Pistamande à 31,70 F le kilo ; pâté en croûte du pêcheur, poissons blancs et légumes, à 37,79 F le kilo ; brioche au saucisson de 400 g à 13,76 F pièce ; pâté cocktail aux olives, aux noisettes, au fromage et aux lardons fumés, de 13,29 F à 17,51 F la pièce de 470 g.

✉ 243, route de Sain-Bel – Aux Martinets – 69591 **L'Arbresle**

➜ 115 F1. À L'Arbresle, suivre la direction de Sain-Bel et de la zone industrielle. L'usine se trouve 3 km plus loin sur la gauche.

Ouvert du lundi au jeudi de 8 h à 12 h et de 13 h 30 à 16 h, le vendredi de 8 h à 12 h.

P

26 ■ LYONNAISE DE SALAISON DIÉTÉTIQUE & GASTRONOMIQUE ☎ 74 26 93 84

Jambons cuits.

Cette entreprise ne fait que du jambon, mais à des prix intéressants : jambon cuit, demi-os jarret, à 38 F le kilo ; jambon cuit à l'os à 32,70 F le kilo.

✉ Route de Sain-Bel – 69592 **L'Arbresle**

➜ 115 F1. À L'Arbresle, suivre la direction de Sain-Bel. L'usine se trouve dans la zone industrielle, sur la gauche, un peu avant Gerin et Roch.

Ouvert du lundi au jeudi de 8 h 30 à 12 h et de 14 h à 18 h, le vendredi fermeture à 16 h 30.

P

27 ■ ROTH ÉTS ☎ 72 71 51 00

Torréfaction de cafés.

Marque : **Ras d'Amhara**.

Café moulu ou en grains, en paquets de 250 g, 500 g et 1 kg, sur une sélection des plus grands cafés. Le paquet de 250 g de café pur Arabica est vendu 26 F.

✉ 10, rue Pierre-Sémard – 69007 **Lyon**

➜ 116 A2. À proximité de la gare de la Guillotière, la rue Pierre-Sémard, qui longe la voie ferrée, est perpendiculaire à la rue de Gerland.

Arrêt Jean-Macé.

Ouvert du mardi au vendredi de 8 h à 12 h et de 13 h 30 à 18 h 15.

28 ■ FOLLIET ☎ 79 62 24 37

Torréfaction de cafés.

Marques : **Folliet, Bocca**.

Café au kilo, en grains ou moulu, de 57 F à 67 F le kilo, avec différents types de mélanges de Robusta et d'Arabica.

699, chemin de la Cassine – ZI de la Cassine
73004 **Chambéry**

➜ 118 A3. La Zone industrielle de la Cassine se trouve entre la voie rapide et la voie ferrée, juste derrière la gare.

Ligne A, arrêt La Cassine.

Ouvert du lundi au vendredi de 8 h à 12 h et de 14 h à 18 h.

P

29 ■ GUERRAZ ☎ 79 84 06 66

Charcuterie.

Marque : **Guerraz**.

Jambon, saucisson, épaule. Jambon cru désossé à 65 F le kilo, jambon cuit à 40 F le kilo, saucisson à 65 F le kilo, rosette à 60 F le kilo.

RN 6 – 73800 **Montmélian**

➜ 118 B3. Sur la N 6, au rond-point avant d'arriver à Montmélian, suivre la direction de Montmélian par quai de l'Isère. L'usine est à 300 m sur la gauche.

Ouvert du lundi au vendredi de 7 h à 12 h et de 14 h à 17 h, fermeture le vendredi à 16 h.

P

30 ■ LA CHEVILLE DAUPHINOISE ☎ 79 25 50 44

Charcuterie.

Marques : **Jambonlux, Aux Délices de Savoie**.

Saucisson, rosette à 62 F le kilo, jambon cru sans os à 70 F le kilo...

Lieu-dit Saint-Maurice – 73110 **La Rochette**

➜ 118 B3. L'usine se trouve à l'entrée de La Rochette, sur la nationale.

Ouvert le vendredi de 8 h 30 à 11 h.

P

31 ■ PREVOT SA ☎ 79 09 72 24

Charcuteries et produits traiteur.

Marque : **Vanoise.**

Viande (rôtis, veau, agneau...), abats, volaille, foie gras, gibier, saucisses, pâtés, jambons, saucissons, truffes, poissons, crustacés, tartes, etc.

Pré Roux – RN 90 – 73210 **Aime**

➜ 119 D3. À Aime, l'usine est au bord de la voie ferrée, à proximité de l'hôtel Palanbo et de la station service Total.

Ouvert du lundi au vendredi de 7 h à 12 h et de 13 h 30 à 17 h, le samedi de 7 h à 11 h.

P

32 ■ FONTAINE, SALAISONS DU CHABLAIS ☎ 50 36 38 70

Charcuterie, salaisons.

Marque : **Fontaine.**

Saucissons, jambons secs et cuits, noix de jambon, jambon de Parme, viande des Grisons, bacon, poitrine, rôti, merguez, andouillette, pâté en croûte, mortadelle, rillettes, choucroutes crue et cuite... Jambon sec, fumé ou non, 71,37 F le kilo.

ZI Les Bracots – 74890 **Bons-en-Chablais**

➜ 104 C2. À Bons-en-Chablais, suivre la direction « Zone industrielle », qui se trouve 4 km plus loin, sur la droite.

Ouvert du lundi au vendredi de 7 h à 12 h et de 13 h 30 à 17 h, fermé le vendredi après-midi.

P

33 ■ LE PETIT DUC ☎ 50 68 16 95

Plats cuisinés.

Marque : **Di Pasto.**

Produits frais sous vide : pâtes fraîches, raviolis, lasagnes, cannellonis. Raviolis au saumon à 34,58 F le kilo, tagliatelles aux œufs à 23 F le kilo.

ZI Les Grands Vris – 74540 **Alby-sur-Chéran**

➜ 118 B1. À Alby, suivre la direction de Marigny, puis celle de la Zone industrielle des Grands Vris, à gauche.

Ouvert du lundi au vendredi de 9 h à 12 h et de 13 h 30 à 16 h.

P

Chaussures
Maroquinerie

❦

34 ■ ANDRELUX ☎ 74 21 10 29

Articles de maroquinerie.

Marques : **Le Tanneur, Lorenzo, Soco, Upla**.

Vente d'articles en fin de collection : sac à main Le Tanneur en toile 390 F, sac à main Le Tanneur en cuir à partir de 450 F, sac à main Lorenzo, Soco, Upla à partir de 400 F, cartable en cuir 500 F, vanity Le Tanneur 390 F, portefeuille 150 F, cartables, sacs de voyage, valises...

5, avenue de Lyon – 01000 **Bourg-en-Bresse**

➜ 103 D3. Le magasin est situé à la sortie de Bourg dans la direction de Lyon, juste après le pont de la gare, sur la gauche, en face de Ain Hélio.

Ligne 3, arrêt Alagnier.

Ouvert du mardi au samedi de 9 h 30 à 12 h 30 et de 14 h à 18 h 30.

CB

35 ■ LE TANNEUR ☎ 79 42 30 30

Articles de maroquinerie haut de gamme : sac à main, sac de voyage, gants, porte-documents, cartable, portefeuille, ceinture, blouson, parka, quelques chaussures...

Marques : **Le Tanneur, Soco, Upla, Lorenzo, Tann's**.

Le magasin d'usine vend les fins de série et les articles des collections précédentes : petit sac à main à bandoulière Le Tanneur, en cuir de vachette pleine fleur, noir, 599 F ; sac à main Upla en coton couleur saumon, garni en vachette, 190 F ; grand sac à main à bandoulière Lorenzo, en synthétique ocre, 296 F ; grand sac à main Soco rouge, style fourre-tout, en cuir de vachette et en synthétique, 699 F ; porte-documents Le Tanneur, en cuir, à 250 F, serviette Le Tanneur en cuir à 350 F, portefeuilles à partir de 150 F, ceintures 150 F... Ce magasin vaut vraiment le détour pour la qualité des articles proposés.

Route des Ecassaz – 01300 **Belley**

➜ 130 B2. À Belley, suivre la direction de Chambéry — Aix-les-Bains. Le magasin d'usine est situé immédiatement après le passage à niveau, sur la gauche, en face des bâtiments administratifs Le Tanneur et avant Gamm vert.

Ouvert du lundi au samedi de 9 h 30 à 12 h et de 14 h 30 à 18 h 30, fermé le jeudi.

P CB

36 ■ DÉPÔT-VENTE JOURDAN ☎ 75 67 55 00

Chaussures de luxe hommes et femmes, maroquinerie.

Marques : **Charles Jourdan, Séducta**.

Vente d'articles de la collection de l'année précédente : chaussures hommes vendues 600 F au lieu de 1 300 F l'année passée, sac à main en daim vendu 445 F au lieu de 895 F, chaussures femmes (boots, trotteurs, escarpins...).

Route de Valence – 07100 **Davezieux**

➜ 129 F1. En venant d'Annonay, suivre la direction de Valence-Davezieux, tourner à droite au deuxième rond-point, traverser Davezieux. Le magasin est situé sur la droite, après la pancarte « Meubles d'art et antiquités ».

Ouvert du lundi au samedi de 10 h à 12 h et de 14 h à 19 h.

CB

37 ■ ACCESSOIRE DIFFUSION ☎ 75 05 34 07

Chaussures pour femmes.

Marque : **Accessoire**.

Le magasin vend de belles chaussures, élégantes et de qualité, en cuir, de la collection de l'année précédente ou en fin de série : nu-pieds bleu marine, ouverts derrière et lanière croisée devant, à 495 F ; escarpins en cuir clair à 495 F ; bottines en coton brodé 550 F ; quelques échantillons et modèles de presse à environ 350 F.

18, côte des Cordeliers – 26100 **Romans**

➜ 130 B2. En descendant la côte des Cordeliers de la place Charles-de-Gaulle, le magasin est situé sur la gauche, en face de Vagnoux Musique.

Lignes 2, 3, 4, 1/3, 1A, 1B, arrêt Jean-Jaurès.

Ouvert du lundi après-midi au samedi de 9 h 30 à 12 h 30 et de 13 h 30 à 19 h.

CB

38 ■ ATELIER Laure & Sylvain MULLIEZ ☎ 75 31 98 47

Maroquinerie de luxe : sacs à main, quelques cartables, portefeuilles, ceintures...

Marque : **Sac Mulliez**.

À deux pas du palais du Facteur Cheval, accueil très chaleureux de Sylvain Mulliez, fabricant et créateur d'articles essentiellement destinés aux femmes, notamment des sacs à main aux formes très design. Ces sacs sont vendus à Paris et surtout en Allemagne au premier prix de 1 500 F. Tous les articles, confectionnés en veau et doublés en porc, ont de très belles finitions. Le prix des sacs à main varie de 500 F à 1 500 F. Également des cartables à 1 490 F, des portefeuilles pour hommes, en cuir de veau souple à 400 F, des ceintures pour femmes, de 250 F à 300 F. Une adresse intéressante si vous recherchez de l'inédit et de la qualité.

Le Bourg – 26210 **Lens-Lestang**

130 B1. De Beaurepaire, se diriger vers Romans. Lens-Lestang se trouve à 5 km de Beaurepaire. À l'entrée de Lens-Lestang, tourner à gauche après avoir franchi le premier ralentisseur. La boutique est située sur la gauche.

Ouvert du lundi au vendredi de 10 h à 12 h et de 14 h à 18 h, ainsi que sur rendez-vous.

P

39 ■ CHARLES JOURDAN ☎ 75 02 32 08

Chaussures hommes et femmes, maroquinerie, prêt-à-porter, foulards, bijoux...

Marques : **Charles Jourdan, Séducta, Karl Lagerfeld, Michel Perry**.

Dans un cadre spacieux et agréable, le magasin de Charles Jourdan sait susciter l'intérêt de ses clients : une promotion Michel Perry sur toutes les chaussures femmes, à 295 F ; une paire de mocassins hommes Charles Jourdan, semelle cousue, à 595 F ; un sac besace Séducta en cuir tressé à 695 F ; un grand châle en soie à 595 F ; des ceintures femmes, à partir de 150 F...

Cap Mode – Espace Mossant – 26300 **Bourg-de-Péage**

130 B2. En venant de Romans par le Pont-Neuf, aller tout droit dans la direction de Valence. Cap Mode est situé sur la gauche.

Ouvert du mardi au vendredi de 9 h à 12 h et de 14 h à 18 h 45, samedi de 9 h à 19 h. Ouverture le lundi à 10 h.

P CB

40 ■ SALAMANDER ☎ 75 02 95 02

Chaussures hommes et femmes.

Marques : **Salamander, Apollo, Camel Boots**.

Le magasin vend les articles de la collection précédente. Pour les femmes, les chaussures Salamander (escarpins, nu-pieds, trotteurs), en cuir, de style classique, sont vendues de 200 F à 350 F. Pour les hommes, le prix des chaussures varie de 200 F à 600 F avec la marque Salamander pour les chaussures courantes, et la marque Apollo pour les chaussures de luxe. La paire de mocassins Salamander, cousue black, est proposée à 350 F. Le magasin diffuse par ailleurs la marque Camel Boots. En conclusion, un bon déplacement pour des chaussures bcbg.

Allée des Alpes – 26300 **Bourg-de-Péage**

130 B2. Le magasin est situé à côté de l'office du tourisme, sur le même trottoir, presque en face du Géant Casino.

Ouvert du lundi après-midi au samedi de 9 h à 12 h et de 14 h à 19 h.

P CB

41 ■ CHARLES JOURDAN ☎ 75 02 32 36

Chaussures hommes et femmes, prêt-à-porter hommes et femmes, maroquinerie, bijoux...

Marques : **Charles Jourdan, Séducta, Karl Lagerfeld**.

Dans ce grand magasin offrant un vaste choix d'articles, nous avons remarqué des nu-pieds Charles Jourdan à 295 F ; des escarpins Karl Lagerfeld à 395 F ; des chaussures bateau en cuir, pour hommes, à 325 F ; des jupes en lin à 400 F ; un costume hommes Charles Jourdan, en laine Super 100, bleu marine, en promotion à 900 F au lieu de 1 800 F.

Galerie Fan'halles – Côte des Cordeliers – 26100 **Romans**

130 B2. La côte des Cordeliers descend en sens unique de la place Charles-de-Gaulle pour rejoindre le quai Chevalier. La galerie Fan'halles est située sur la gauche, à proximité du quai.

Ligne 2, arrêt Les Halles.

Ouvert du lundi au vendredi de 9 h à 12 h et de 14 h à 18 h 45, le samedi de 9 h à 19 h. Ouverture le lundi à 10 h.

CB

42 ■ CHAUSSURES DES CORDELIERS ☎ 75 72 27 26

Chaussures hommes et femmes, articles de maroquinerie, sacs et portefeuilles.

Marques : **Will's, Séquoïa, Libertas**.

Le magasin offre un choix de chaussures à des prix raisonnables : chaussures Libertas pour hommes, style derby, en cuir noir, semelle collée, en promotion à 400 F ; ballerines Libertas à 230 F. La plupart des sacs Séquoïa sont fabriqués en toile enduite et sont de style mode tout en étant assez sobres. Le premier prix d'un sac Séquoïa est de 300 F, et beaucoup de sacs sont vendus autour de 550 F.

28, côte des Cordeliers – 26100 **Romans**

130 B2. Le magasin est situé en haut de la côte des Cordeliers, à proximité de la tour Jacquemart.

Lignes 2, 3, 4, 5, 1/3, 1A, 1B, arrêt Jean-Jaurès.

Ouvert du lundi après-midi au samedi de 9 h 30 à 12 h et de 14 h à 19 h.

CB

43 ■ DÉPÔT-VENTE FABRIQUES ☎ 75 05 04 00

Chaussures hommes et femmes.

Marques : **MacGill, Parallèle, Kieta**.

Sont en vente les chaussures des années précédentes : mocassins et derbys hommes MacGill, cousus selon la technique Good Year, semelle cuir, style Weston, à 695 F ; escarpins Kieta, en cuir, à 495 F ; trotteurs de 250 F à 500 F. Le choix est plus intéressant en début de saison : mars-avril pour les chaussures d'été et août-septembre pour les chaussures d'hiver. Un magasin intéressant.

10 bis, avenue Duchesne – 26100 **Romans**

130 B2. De la place Jean-Jaurès, se diriger vers Tain et Tournon, puis suivre la direction de Saint-Bardoux, avenue Duchesne. Le magasin est situé sur la droite, au début de l'avenue, avant la caserne des pompiers.

Lignes 1A et 1B, arrêt Libération.

Ouvert du lundi après-midi au samedi de 10 h à 12 h et de 14 h à 19 h.

CB

44 ■ HARDRIGE ☎ 75 71 08 68

Chaussures très classiques pour hommes et quelques modèles pour femmes.

Marque : **Hardrige**.

Hardrige, qui vend aussi à son usine de Sillans, fabrique de très belles chaussures de qualité, en veau, cousues soit selon la technique Good Year style Weston, soit selon la technique norvégienne style Paraboot. Exemples : mocassins cousus Good Year, semelle cuir, à 770 F ; chaussures cousues, technique norvégienne, à 740 F ; boots femmes, à 850 F.

Côte des Cordeliers – 26100 **Romans**

130 B2. La côte des Cordeliers descend en sens unique de la place Charles-de-Gaulle pour rejoindre le quai Chevalier et le quai

Chopin. Dans le sens de la descente, le magasin est situé sur la gauche, avant la galerie Fan'halles.

Ligne 2, arrêt Les Halles.

Ouvert du lundi après-midi au samedi de 10 h à 12 h et de 14 h à 19 h. Ouverture à 15 h le lundi.

CB

45 ■ J. TCHILINGUIRIAN ☎ 75 72 51 41

Chaussures hommes et femmes.

Marque : **Tchilin.**

Le choix porte essentiellement sur des modèles femmes : ballerines à 400 F. Quelques chaussures hommes : mocassins à 550 F.

52, quai Chopin – 26100 **Romans**

➜ 130 B2. De la place Charles-de-Gaulle, descendre la côte des Cordeliers puis la rue Sabaton jusqu'au quai Chopin, tourner à gauche. Le magasin est situé à proximité de l'entrée du parking Fan'halles.

Ligne 2, arrêt Les Halles.

Ouvert le lundi de 14 h 30 à 19 h, et du mardi au samedi de 10 h à 12 h et de 14 h 30 à 19 h.

CB

46 ■ JACQUES ROVA ☎ 75 70 11 89

Chaussures hommes et femmes.

Marques : **Will's, Libertas.**

Chaussures, sacs féminins, valises, portefeuilles... Ballerines, escarpins à 290 F ; mocassins hommes, semelle cuir, à 450 F.

34, avenue des Allobroges – ZI, RN 92, BP 254 – 26106 **Romans**

➜ 130 B2. Du centre de Romans, suivre la direction de Chambéry-Voiron. Le magasin est situé sur la droite, en face de Tivoli, à côté d'Anver, au niveau de la zone industrielle. Prendre la contre-allée pour accéder au magasin.

Ligne 14, arrêt Jacquard.

Ouvert du lundi au vendredi de 9 h à 12 h et de 13 h 30 à 18 h.

P CB

47 ■ L'ATELIER DES MARQUES ☎ 75 05 18 38

Maroquinerie

Marques : **Façonnable, Just Campagne**.

Sacs à main, ceintures, portefeuilles. Le magasin vend des articles en fin de collection de la marque Façonnable pour les portefeuilles et les ceintures, et de la marque Just Campagne pour les sacs à main. Les ceintures hommes Façonnable sont vendues 200 F, les portefeuilles de 200 F à 300 F, et les porte-cartes de crédit de 200 F à 350 F.

✉ Place du 75e-RI – 26100 **Romans**

➜ 130 B2. Le magasin est situé en haut de la côte des Cordeliers, dans l'angle, en face du bureau de poste.

🚌 Lignes 2 et 4, arrêt Jacquemart.

🕒 Ouvert du lundi après-midi au samedi de 9 h 30 à 12 h et de 14 h à 19 h.

CB

48 ■ LUNDI BLEU ☎ 75 02 65 65

Chaussures pour femmes.

Marques : **Lundi bleu, Accessoire détente**.

Le magasin vend la collection de l'année précédente. Nous avons remarqué des sandales Lundi bleu, habillées, en chevreau marine ou ivoire, à 250 F ; des mocassins derby en promotion à 250 F ; un grand choix de chaussures Accessoire détente, en toile et corde, autour de 200 F. Les modèles presse, chaussures portées par les mannequins lors des défilés, tailles 38 à 41, sont vendus environ 350 F.

✉ 17, place du 75e-RI – 26100 **Romans**

➜ 130 B2. En haut de la côte des Cordeliers, à côté du bureau de poste.

🚌 Lignes 2, 3, 4, 1/3, 1A, 1B , arrêt Jean-Jaurès.

🕒 Ouvert du lundi après-midi au samedi de 9 h 30 à 12 h et de 14 h à 19 h.

CB

49 ■ MANOUKIAN ☎ 75 02 81 61

Chaussures hommes, femmes, enfants, tricots, vêtements.

Marques : **Alain Manoukian, Serge Manoukian**.

Le magasin vend les articles des collections précédentes : escarpins Serge Manoukian 250 F, nu-pieds Serge Manoukian 250 F, chemisiers 100 F, tee-shirts 75 F, pulls-gilets en maille 150 F, caleçons femmes 150 F...

✉ Cap Mode – Espace Mossant – 26300 **Bourg-de-Péage**

➜ 130 B2. En venant de Romans par le Pont-Neuf, aller tout droit dans la direction de Valence. Cap Mode est situé sur la gauche.

Ouvert du lundi au vendredi de 9 h 45 à 12 h 30 et de 14 h à 19 h, le samedi de 9 h 30 à 19 h.

P CB

50 ■ MISS MAUD, MOSQUITOS ☎ 75 02 47 48

Chaussures hommes, femmes, enfants.

Marques : **Mosquitos, Miss Maud, Kenzo, Maud Frison**.

Ballerines Kenzo à partir de 100 F, escarpins Miss Maud 150 F, nu-pieds Maud Frison 150 F.

1, rue Jacquemart – 26100 **Romans**

➜ 130 B2. Au centre ville, à l'angle de la rue Jacquemart et de la place Jacquemart, en face de la tour.

Lignes 4 et 2, arrêt Jacquemart.

Ouvert du lundi au vendredi de 9 h 30 à 12 h 30 et de 14 h à 19 h, samedi de 9 h 30 à 19 h.

P CB

51 ■ POMPES À GOGO ☎ 75 02 44 00

Chaussures hommes et femmes.

Marques : **Stéphane Kélian, Miss Maud, Mosquitos, Maud Frison**.

Vente de chaussures des collections antérieures de six mois et de fins de série : chaussures Stéphane Kélian valeur 550 F, vendues 150 F. Escarpins, nu-pieds, ballerines à partir de 50 F.

Cap Mode – Espace Mossant – 26300 **Bourg-de-Péage**

➜ 130 B2. En venant de Romans par le Pont-Neuf, aller tout droit dans la direction de Valence. Cap Mode est situé sur la gauche.

Ouvert du lundi au vendredi de 10 h à 12 h et de 14 h à 19 h, le samedi de 10 h à 19 h.

P CB

52 ■ ROBERT CLERGERIE ☎ 75 05 59 65

Chaussures haut de gamme classiques, hommes et femmes.

Marques : **Unic, Robert Clergerie, Joseph Fenestrier**.

Voilà sans doute le seul magasin d'usine de Romans qui ressemble encore à un magasin d'usine puisque situé juste à côté de la fabrique. On y trouve les chaussures de la collection de l'année précédente : très beaux mocassins hommes Fenestrier, cousus avec le procédé Good Year, à 800 F ; quelques chaussures Unic, pour hommes, en promotion à 550 F ; trotteurs Robert Clergerie, en cuir, à 400 F. Le prix des chaussures femmes varie de 150 F à 600 F. Un des magasins à visiter en priorité à Romans.

Rue Pierre-Curie – BP 69 – 26102 **Romans**

130 B2. De la place Jean-Jaurès, se diriger vers Tain et Tournon puis suivre la direction de Saint-Bardoux, avenue Duchesne. Tourner à gauche dans la rue Pierre-Curie, à la hauteur de la caserne des pompiers. Le magasin est situé sur la droite.

Lignes 1A et 1B, arrêt Duchesne.

Ouvert du lundi au samedi de 9 h 30 à 12 h 30 et de 14 h à 19 h, fermé le lundi matin.

CB

53 ■ ROBERT CLERGERIE ☎ 75 02 52 54

Chaussures femmes.

Marque : **Robert Clergerie**.

Sont vendues ici les chaussures de la saison précédente et du deuxième choix : nu-pieds Robert Clergerie à 250 F ; trotteurs Robert Clergerie, en toile écrue, bouts renforcés en nubuck noir, en promotion à 280 F ; escarpins Robert Clergerie, en cuir, à 500 F. Il reste quelques chaussures René Caty qui sont liquidées, comme ces nu-pieds à 250 F.

3, côte des Cordeliers – 26100 **Romans**

130 B2. La côte des Cordeliers descend en sens unique de la place Charles-de-Gaulle pour rejoindre le quai Chevalier et le quai Chopin. Le magasin est situé sur la droite, en face de la galerie Fan'halles, à proximité du quai.

Ligne 2, arrêt Les Halles.

Ouvert du lundi au samedi de 9 h à 12 h et de 14 h à 19 h, fermé le lundi matin.

CB

54 ■ STÉPHANE KÉLIAN ☎ 75 05 23 26

Chaussures en rapport avec la mode, pour les femmes.

Marques : **Stéphane Kélian, Maud Frison**.

Le choix porte essentiellement sur des collections de plus de six mois, vendues généralement avec des réductions de l'ordre de 50 % : chaussures à lacets à 595 F ; nu-pieds, cuir tressé, à 495 F ; boots en daim à 695 F ; mocassins classiques, plateau tressé, à 595 F ; mocassins vernis, noirs, à 595 F ; beaucoup de chaussures des collections anciennes à partir de 100 F.

11, place Charles-de-Gaulle – 26100 **Romans**

130 B2. Le magasin est situé au centre ville, à côté de la tour Jacquemart.

Lignes 4 et 2, arrêt Jacquemart.

Ouvert du lundi au vendredi de 10 h à 12 h et de 14 h à 19 h, le samedi de 10 h à 19 h.

P CB

55 ■ CHAUSSURES LADY ☎ 76 91 41 19

Chaussures femmes.

Marque : **Lady**.

Choix de nu-pieds classiques pour femmes, en veau ou en chèvre, de 100 F à 350 F. Une paire de nu-pieds, deux lanières cuir de couleur, est vendue 200 F au lieu de 299 F dans le commerce. Pour l'hiver, le magasin propose des mocassins d'appartement en mouton lainé et des sabots en bois — il s'agit de chaussures confortables pour pieds sensibles.

Grand-Chemin – 38140 **Charnècles**

117 D4. Sortir de l'autoroute Lyon-Grenoble à Rives et prendre la N 85 dans la direction de Grenoble. Charnècles se trouve à 2 km de Rives. Dans Charnècles, le magasin est situé sur la gauche, en face de la place et du café.

Ouvert du lundi au vendredi de 8 h à 12 h et de 14 h à 18 h.

P

56 ■ CIF ☎ 74 85 92 11

Chaussures hommes et femmes.

Marques : **Ted Lapidus, Charles Labelle, Alain Manoukian, Marcelle Griffon, Magnanni, Saxonne**.

Mocassins hommes, semelle cuir, à 585 F ; chaussures hommes style Church à 500 F ; trotteurs femmes à 350 F...

85, rue Lafayette – 38200 **Vienne**

116 B3. De Vienne, suivre la direction de Pont-Évêque et Serpaize. Le magasin est situé sur la gauche, après la station service Total : un grand bâtiment blanc de deux niveaux.

Lignes 4 et 8 A, arrêt Comte-Rolland.

Ouvert du lundi au samedi de 9 h à 12 h et de 14 h à 18 h 30.

P CB

57 ■ J. B. MARTIN ☎ 74 97 26 75

Chaussures hommes et femmes, sacs.

Marques : **J. B. Martin, Clerget, Un Matin d'été, Chevignon, Kenzo**.

Chaussures hommes Clerget : mocassins à boucle 300 F, derbys 400 F, style Paraboot 400 F, chaussures bateau à partir de 300 F. Chaussures femmes (J. B. Martin, Un Matin d'été) : ballerines, escarpins, trotteurs de 99 F à 450 F, bottines Chevignon en toile.

ZI Rochetoirin – 38110 **La Tour-du-Pin**

➜ 117 D3. Sortir de l'autoroute Lyon-Grenoble à La Tour-du-Pin et suivre la direction Chambéry — Aix-les-Bains. Au rond-point, tourner à gauche dans la direction de Lyon-Bourgoin. Le magasin est situé sur la droite, juste après La Halle aux chaussures et Vivamod.

Ouvert du mardi au samedi de 9 h à 12 h et de 14 h à 19 h.

P CB

58 ■ LA SILLANAISE DE CHAUSSURES ☎ 76 35 99 04

Chaussures haut de gamme hommes et femmes, sacs.

Marques : **Hardrige, Le Tanneur**.

Les chaussures de la saison sont vendues directement à la sortie des ateliers. Chaussures aux finitions soignées, de style bcbg, cousues avec le montage traditionnel Good Year. Les chaussures hommes (mocassins, mocassins à boucle, derbys), semelle en cuir, sont vendues 650 F au lieu de 900 F ou plus dans le commerce. Quelques modèles pour femmes. Un magasin d'usine typique et une excellente adresse.

Rue Paul-Dijon – 38590 **Sillans**

➜ 117 D4. Sortir de l'autoroute Lyon-Grenoble à Rives et suivre la direction Aéroport de Saint-Étienne de Saint-Geoirs. À Sillans, tourner à gauche au panneau « Magasin d'usine Hardrige ».

Ouvert du lundi après-midi au samedi de 10 h à 12 h et de 14 h à 18 h.

P

59 ■ MAROQUINERIE DES DAUPHINS ☎ 74 97 15 77

Maroquinerie.

Marque : **Maroquinerie des Dauphins**.

Le magasin vend des sacs à main, pochettes, porte-documents, portefeuilles, trousses de toilette démarqués, fabriqués sur place, et des articles de négoce. Exemples : sac à main carré, noir, à bandoulière, en vachette, à 110 F ; sac à main habillé, à bandoulière, en agneau véritable, à 210 F ; pochette à main pour femmes, en python, à 365 F ; porte-documents à fermeture Éclair, en vachette, à 120 F ; trousse de toilette en cuir, avec ustensiles de toilette, à 359 F ; pochette hommes, deux soufflets, en vachette, à 180 F.

Rue René-Duchamp – BP 100 – 38353 **La Tour-du-Pin**

117 D3. À La Tour-du-Pin, prendre la route de Morestel, puis à gauche, direction Parc d'activités Bianchini Ferrier.

Ouvert du lundi après-midi au samedi de 10 h à 12 h et de 14 h à 19 h, fermeture à 18 h le samedi.

P

60 ■ NOTTURNO ☎ 76 46 56 60

Gants de qualité, en chevreau, pour hommes et femmes.

Marque : **grandes marques**.

Notturno est réputé pour sa fabrication de gants. Il produit ainsi des gants pour des films, comme *La Reine Margot*, et pour des grandes marques. La paire de gants en chevreau, doublés de soie, pour femmes, couleur noire, est vendue 200 F ; autres couleurs (bleu marine, marron, beige, rouge...) 210 F. Les gants en chevreau pour hommes valent 240 F et 250 F s'ils sont doublés de soie. Les gants en coton, beige, faits main, intérieur chevreau, sont proposés à 180 F. Le magasin revend, en outre, les sacs à main Erbé et des ceintures, des portefeuilles, des porte-monnaie... La fabrique est située deux étages au-dessus du magasin. Pour les groupes d'au moins six personnes, on peut, « sans prendre de gants », demander à la visiter, à condition de prévenir à l'avance.

10, rue Humbert-III – 38100 **Grenoble**

131 E2. Le magasin se trouve dans le centre ville de Grenoble, à côté de la rue de Turenne et de la place Championnet, à proximité de la piscine Jambon.

Ligne 13, arrêt Turenne.

Ouvert du lundi au vendredi de 8 h à 12 h et de 13 h 45 à 18 h 30, le samedi de 10 h à 17 h. Fermé en août.

CB

61 ■ POMPES À GOGO ☎ 74 86 38 39

Chaussures hommes, femmes et enfants.

Marques : **Stéphane Kélian, Miss Maud, Mosquitos, Maud Frison, Kenzo, Lord's, Bally et autres grandes marques**.

Le magasin vend des chaussures des collections antérieures et des fins de série : mocassins Bally en cuir, pour hommes, à 450 F ; mocassins hommes, semelle collée, en promotion à 350 F ; chaussures bateau Loïs, pour hommes, à 325 F ; chaussures femmes Stéphane Kélian, toile, montantes, beige, semelle caoutchouc, à 295 F ; mocassins Kenzo, à barrette, en nubuck marine, pour femmes, à 395 F.

✉ Avenue des Écoles – 38550 **Péage-de-Roussillon**

➜ 130 B2. Sortir de l'autoroute Lyon-Marseille à Chanas et se diriger vers Vienne. Le magasin est situé à environ 2 km de la sortie de l'autoroute, en face du Centre scolaire Jeanne-d'Arc.

Ouvert du mardi au samedi de 9 h 30 à 12 h et de 14 h à 19 h.

P CB

62 ■ POMPES À GOGO ☎ 76 05 08 90

Chaussures hommes et femmes.

Marques : **Stéphane Kélian, Miss Maud, Mosquitos, Maud Frison, Kenzo, Lord's, Bally et autres grandes marques**.

Le magasin vend les chaussures des collections antérieures et des fins de série : mocassins femmes Stéphane Kélian, en cuir tressé, à 695 F ; ballerines Maud Frison à 250 F ; sabots Mosquitos à 100 F ; mocassins Bally, pour hommes, semelle cousue, en promotion à 100 F.

✉ 12, rue de Sermorens – 38500 **Voiron**

➜ 117 D4. Le magasin est situé dans une petite rue du centre de Voiron, derrière le bureau de poste.

Ouvert du lundi au vendredi de 10 h à 12 h et de 14 h à 19 h, le samedi de 10 h à 19 h.

CB

63 ■ RICHARD PONTVERT ☎ 76 93 88 00

Chaussures hommes et femmes, de luxe, cousues selon la technique norvégienne ou Good Year, semelles en gomme ou en cuir.

Marque : **Paraboot**.

Ce magasin fera le bonheur des amateurs de chaussures authentiques, fabriquées selon les techniques qui ont fait le succès de Paraboot depuis 1919. On y trouve de très belles chaussures avec un léger défaut d'aspect, des échantillons et des fins de série : le fameux modèle Michael, double tannage, semelle en gomme cousue dans le style norvégien, entièrement doublé en chèvre, est vendu 800 F, tout comme les modèles Chambord, Avignon et Arles (style derby) ; compter un supplément de 50 F pour les semelles en cuir ; les chaussures bateau en cuir valent 300 F, et les chaussures de tennis 200 F. Pour les femmes, les modèles Michael, Chambord, Avignon, en cuir ou en nubuck, semelle en gomme, sont vendus 500 F, tout comme les chaussures de type golf, bimatière ou unies.

✉ Rue Hector-Berlioz – 38210 **Tullins-Fures**

➜ 117 D4. Sortir de l'autoroute Lyon-Grenoble à Rives, traverser

Rives et Renage. À Tullins-Fures, suivre la direction de Romans-Valence. Sur la place piétonne où se trouve l'école primaire Saint-Just, suivre le panneau « Richard Pontvert ». Au panneau « Paraboot », prendre l'allée à gauche et entrer dans la cour de l'usine.

Ouvert le samedi de 8 h 30 à 12 h 30. Ces horaires sont susceptibles d'être étendus prochainement.
Il faut donc se renseigner par téléphone.

P

64 ■ RODOZ SA ☎ 74 85 96 22

Chaussures hommes et femmes.

Marques : **Christian Pellet, Alain Prost, Hexagone**.

Pour les hommes : mocassins Christian Pellet à 280 F, chaussures style Paraboot à 400 F, fins de série hommes à 300 F, deuxièmes choix hommes, à 250 F, chaussures bateau à 310 F. Fins de série et deuxièmes choix femmes, à 180 F.

ZI de l'Abbaye – BP 21 – 8780 **Pont-Évêque**

➜ 116 B3. À Vienne, aller à Pont-Évêque, puis suivre la direction d'Estrablin et de Saint-Jean-de-Bournay par la D 502. L'usine est située sur la droite, à la sortie de Pont-Évêque, après la société Cazeneuve. Le magasin se trouve à l'intérieur de l'usine.

Ouvert du lundi au vendredi de 9 h 30 à 11 h 30 et de 13 h 30 à 17 h, le samedi de 9 h à 12 h et de 13 h 45 à 17 h.

P

65 ■ SHOE CENTER ☎ 76 35 31 06

Chaussures d'hiver hommes, femmes, enfants.

Marque : **Shoe Center**.

Chaussures de moyenne gamme et haut de gamme en fin de série ou avec défaut d'aspect : bottillons, bottines, après-ski, bottes fourrure, bottes cuir, moon-boots, bottes Nylon, chaussures de sport-ville. Bottines cuir à partir de 300 F.

12, rue de Stalingrad – 38430 **Moirans**

➜ 117 D4. Sortir de l'autoroute Grenoble-Lyon à Rives. Le magasin se trouve dans le centre ville. Lorsque l'on est en face de l'église, le magasin est à 200 m sur la gauche.

Ouvert du mardi au samedi de 14 h 30 à 18 h 30, du mois d'octobre au mois de mars.

P

66 ■ ACCESSOIRE DIFFUSION ☎ 77 32 66 68

Chaussures de style bcbg pour femmes.

Marque : **Accessoire**.

Le magasin vend des chaussures de la collection de l'année précédente, des chaussures avec un léger défaut d'aspect et des échantillons.
La plupart des chaussures sont vendues 490 F. Les prix sont plus bas en période de soldes et pour les articles avec défaut d'aspect.

5, rue François-Gillet – 42000 **Saint-Étienne**

➜ 115 E4. Descendre la rue de la République de la place Locarno vers la place Dorian, et tourner à gauche dans la rue François-Gillet avant d'arriver à la place.

Lignes 3, 9, 11 et 16, arrêt Hôtel-des-Postes.

Ouvert du lundi après-midi au samedi de 10 h à 12 h et de 14 h 30 à 19 h.

67 ■ BALLY ☎ 72 65 27 00

Chaussures hommes et femmes.

Marque : **Bally**.

Hommes : mocassins, derbys, chaussures à boucle ; avec semelle collée, 460 F ; cousues selon la technique Good Year, 660 F (550 F si démarque). Femmes : ballerines, trotteurs, escarpins ; modèle en cuir 410 F, tressé 480 F, sport 170 F. Une adresse intéressante.

Rue du Nord – 69100 **Villeurbanne**

➜ 116 A2. Sur le cours Émile-Zola, se diriger vers le périphérique. À la hauteur de Carrefour, tourner à droite dans la rue Blanqui (pharmacie à l'angle). Aller tout droit et tourner à droite dans la rue du Nord. Le magasin est situé à droite, en face de l'Office public d'HLM.

Ligne 38, arrêt Rue-du-Nord.

Ouvert du lundi au vendredi de 9 h à 11 h 15 et de 12 h à 17 h 15.

CB

68 ■ BILLARD ☎ 78 44 45 33

Chaussures pour femmes.

Marques : **Accessoire, Lundi bleu**.

Vente de chaussures bcbg en fin de collection : trotteurs 350 F, mocassins 300 F, ballerines 350 F, escarpins 380 F. Les ventes Billard font le bonheur des inconditionnelles des chaussures Accessoire. Elles se déplacent généralement par voitures complètes et investissent fébrilement, deux fois par an, le grand entrepôt. Une des adresses du guide qui connaît le plus grand succès.

16, place de la République
69590 **Saint-Symphorien-sur-Coise**

115 E3. De Lyon, suivre la direction Craponne, Saint-Martin-en-Haut et Saint-Symphorien. Du haut du bourg, descendre l'avenue principale jusqu'à la place de la République, où se trouve un monument aux morts et un petit rond-point. Se diriger vers la gendarmerie et tourner à gauche à sa hauteur. L'entrepôt est situé sur la gauche, juste avant la station Shell.

Les ventes sont organisées le dernier week-end de novembre et le dernier week-end de juin, le vendredi de 14 h à 22 h et le samedi de 9 h à 12 h.

69 ■ FREEMOD DIFFUSION ☎ 78 24 50 88

Chaussures de style classique hommes et femmes.

Marque : **Freemod**.

Vente des chaussures en fin de collection à des prix intéressants : chaussures hommes, semelle cousue, à partir de 400 F ; chaussures femmes, à partir de 250 F.

8, rue Pierre-Corneille – 69006 **Lyon**

116 A2. Longer le Rhône le long du quai de Serbie dans la direction du sud. Tourner à gauche place Maréchal-Lyautey par la rue de Sèze, puis tourner dans la deuxième rue à droite, la rue Pierre-Corneille. Le magasin est situé à 30 m, sur la droite.

Ligne 4, arrêt Foch-Roosevelt.

Ouvert du lundi au vendredi de 10 h à 18 h 45, le samedi de 10 h 30 à 13 h et de 14 h à 18 h.

CB

70 ■ GETAS DISTRIBUTION ☎ 78 02 81 72

Chaussures de sport, de randonnée et après-ski pour hommes et femmes.

Marques : **Getas, Isba, Mont-Blanc, Week-End, Sandales Dutron**.

Les prix les plus intéressants sont dans les échantillons de retour collection, c'est-à-dire dans les pointures 37 et 38. Toutefois, d'autres pointures peuvent être disponibles, mais il vaut mieux téléphoner avant pour communiquer sa pointure et le style de chaussure recherché, car il n'y a aucun suivi de taille. Il faut compter 132 F pour une paire d'après-ski style moon-boots de marque Mont-Blanc, en pointure femmes 35 à 41, et 139 F dans les pointures hommes. Compter 650 F minimum pour les modèles d'après-ski en phoque, hommes ou femmes. Chaussures de randonnée à partir de 179 F.

Rue Pierre-Devaux – ZI – 69360 **Serezin-du-Rhône**

116 A3. Sortir de l'autoroute Lyon-Marseille à Solaize et se diriger vers Serezin. Tourner à la première route à gauche après le tunnel. Le magasin est situé à l'entrée de Serezin, dans la zone industrielle.

Ouvert du lundi au vendredi de 8 h à 12 h et de 14 h à 18 h, fermeture à 17 h le vendredi.

P

71 ■ ROMANAISE DE SOLDES ☎ 72 74 99 77

Chaussures hommes et femmes.

Marques : **Fenestrier, Robert Clergerie, Unic, Burberrys**.

Vente de la collection de l'année précédente : chaussures hommes, semelle collée, à partir de 250 F, semelle cousue avec le procédé Good Year de 400 F à 800 F ; chaussures femmes, à partir de 250 F.

71, rue de Sèze – 69006 **Lyon**

116 A2. Le magasin est situé à l'angle de la rue de Sèze et de la rue Garibaldi. Il est conseillé de téléphoner avant de se déplacer, car le magasin prévoit de déménager.

Ligne 47, arrêt rue de Sèze, Garibaldi.

Ouvert le lundi et le mardi de 9 h 30 à 12 h 30 et de 14 h à 19 h et du mercredi au samedi de 9 h 30 à 19 h.

CB

72 ■ SOCOFREX ☎ 78 28 34 18

Chaussures haut de gamme hommes et femmes.

Marques : **Socofrex, Stéphane Gontard**.

Le magasin procède régulièrement à des liquidations de stocks d'usine à des prix très attractifs. Chaussures hommes (mocassins, Oxford, derbys...), semelle cousue machine 480 F, cousue main, avec laminage, 780 F (paires numérotées et garanties deux ans), cousue avec le procédé norvégien 590 F. Chaussures femmes (mocassins, ballerines, escarpins...), semelle cousue machine 300 F, cousue main 560 F.

14 bis, rue Dumont-d'Urville – 69004 **Lyon**

116 A2. À la Croix-Rousse, suivre la rue de Belfort du sud vers le nord. Tourner à droite dans la rue Gigodot. Le magasin est situé sur la droite, à l'angle de la rue Dumont-d'Urville, en face de Allô Taxi.

Lignes 13 et 61, arrêt Place-Bertone.

Ventes-liquidations les premières quinzaines de mars, de juin et de décembre. Téléphoner pour connaître les dates et horaires exacts.

Chocolaterie
Confiserie

73 ■ CLÉMENT FAUGIER ÉTS ☎ 75 64 07 11

Confiseries à base de marrons.

Marque : **Clément Faugier**.

Crème de marrons à 12,05 F les 500 g, marrons glacés à 145 F les 500 g, débris de marrons glacés à 54,05 F le sac de 500 g, marrons au sirop, glace de marrons, purée de marrons, marrons entiers au naturel, marrons confits, marrons sous vide, pâté de marrons...

ZI du Lac – 07001 **Privas**

➜ 129 F4. La Zone industrielle du Lac se trouve sur la N 304, avant Privas, au bord de la route.

Ouvert du lundi au vendredi de 8 h 15 à 11 h 45 et de 13 h 45 à 17 h 30, fermeture à 16 h 30 le vendredi.

P

74 ■ CHABERT & GUILLOT ☎ 75 00 82 00

Confiseries et pâtisseries à base de nougat.

Marque : **Nougat Chabert et Guillot**.

Nougats, barres chocolatées, glace au nougat, pâtisseries à base de nougat. Dominos de nougat tendre à 114 F le kilo. Il est possible de visiter l'usine.

1, rue André-Ducatez – BP 64 – 26202 **Montélimar**

➜ 144 A1. À Montélimar, aller jusqu'à la gare SNCF. La rue André-Ducatez est devant la gare.

Montélibus, station Champ-de-Mars.

Ouvert du lundi au vendredi de 8 h à 12 h et de 13 h à 18 h, fermeture à 17 h le vendredi.

CB

75 ■ FRANCE NOUGAT ☎ 75 01 50 98

Confiseries à base de nougat.

Marque : **Le Confiseur de Provence**.

Dominos de nougat tendre papilloté vendus à 85 F le kilo, nougat en vrac à 65 F le kilo. Pour les groupes, il est possible de visiter l'usine.

Zone industrielle – BP 25 – 26201 **Montélimar**

144 A1. À Montélimar, suivre la direction d'Avignon. Au McDonald, tourner à droite. L'usine est située sur la gauche, en face de But.

Ouvert du lundi au samedi de 8 h à 12 h et de 14 h à 18 h 30.

P

76 ■ GERBE D'OR ☎ 75 01 55 55

Confiseries à base de nougat.

Marque : **Nougat Gerbe d'or**.

Les dominos de nougat tendre sont vendus à 95 F le kilo, et le nougat en vrac à 65 F le kilo. Pour les groupes, il est possible de visiter l'usine.

140, avenue Jean-Jaurès – BP 81 – 26203 **Montélimar**

144 A1. À Montélimar, suivre la direction d'Avignon. Le magasin est situé sur la droite, juste avant le supermarché Casino, en face des surgelés Thiriet.

Ouvert du lundi au vendredi de 8 h à 12 h 30 et de 14 h à 19 h, le samedi de 9 h à 19 h.

P CB

77 ■ LOISY & GELET ☎ 75 07 90 90

Chocolats fins.

Marque : **Valrhona**.

Loisy et Gelet figure sur les « tablettes » de tous les grands amateurs de chocolat pour la qualité des Valrhona et le grand choix de goûts qu'il propose. Par quoi commencer ? Boîte cadeau de 18 carrés de Guanaja à 70 % de cacao ou de chocolat des Caraïbes à 66 % de cacao, à 34 F ; boîte de 57 carrés à 95 F ; boîte de 60 carrés de trois variétés différentes à 155 F ; barre de couverture, utilisée en pâtisserie, 115 F le kilo ; grand choix de confiseries et de pralines enrobées de chocolat à 250 F le kilo. Il n'est pas interdit non plus de se faire de petits cadeaux : le kilogramme de chocolat déclassé en sachet est vendu 100 F. Lors de notre visite, nous nous sommes ainsi offert 1 kg de cerises au kirsch Valrhona de toutes les tentations !

14, avenue Roosevelt – 26600 **Tain-l'Hermitage**

130 A2. Suivre la rue principale de Tain-l'Hermitage dans la direction de Valence jusqu'à l'avenue Roosevelt. Le magasin se trouve au deuxième feu à droite, après l'hôtel de ville.

Ouvert du lundi au vendredi de 9 h à 12 h et de 14 h à 18 h.
Il est possible de visiter l'usine.

P CB

78 ■ NOUGAT DELAVANT SA ☎ 75 01 74 13

Confiseries à base de nougat.

Marque : **Nougat Delavant**.

Nougat tendre en vrac 65,50 F le kilo, nougat dur en vrac 63,50 F le kilo, nougat broyé pour glace 65,90 F le kilo, papillotes 79 F le kilo, nougat enrobé de chocolat 65 F le kilo. Il est possible de visiter l'usine.

Zone artisanale de Fontgrave
26740 **Montboucher-sur-Jabron**

➜ 144 B1. À Montélimar, prendre la D 540 dans la direction de Dieulefit. L'usine est située à 1 km avant Montboucher, sur la droite

Ouvert du lundi au vendredi de 8 h 30 à 12 h et de 14 h à 18 h 30.

P CB

79 ■ CHOCOLATERIE DE MARLIEU ☎ 74 97 00 66

Chocolats.

Marque : **De Marlieu**.

Lors de notre passage, au mois de juin, le choix était relativement limité. Le magasin avait sans doute été dévalisé à Pâques. Ballotin de 500 g de chocolat noir à 60 F, prix du chocolat au kilo à partir de 90 F.

Village de Marlieu – 38352 **Sainte-Blandine**

➜ 117 D3. Marlieu est situé au sud de la Tour-du-Pin, à côté de Montagnieu. Dans le hameau de Marlieu, se diriger vers le Passage. L'usine est située à la sortie du hameau, sur la droite, juste avant le château.

Ouvert du lundi au vendredi de 8 h à 12 h et de 14 h à 18 h, fermeture à 17 h le vendredi.

P

80 ■ CONFI-FRUIT ☎ 76 08 84 72

Confiseries.

Marque : **Confi-Fruit**.

Quatorze variétés de fruits confits de qualité, fabriqués de manière artisanale sur une durée de trois mois, sans conservateur ni additif : clémentine, abricot, ananas, cerise, poire... à 190 F le kilo. Nougatines, pralines, pâte d'amande et confitures à 25 % de sucre.

127, avenue Ambroise-Croizat – 38927 **Crolles**

131 F1. Sortir de l'autoroute Grenoble-Chambéry à Crolles (sortie n° 6). Se diriger tout droit vers Crolles-Village. Le magasin est situé sur la droite, derrière Alpes confection et avant la caserne des pompiers.

Ligne 606, arrêt Caserne-des-Pompiers.

Ouvert du lundi au samedi de 10 h à 19 h 30, fermé le mercredi.

P

81 ■ DRAGÉES KASSIOTIS ☎ 76 40 02 17

Dragées, pralines, chocolats.

Marque : **Dragées Kassiotis**.

Exemples : dragées Avolla (amandes de Sicile enrobées de sucre) à 95 F le kilo, dragées Alicante (amandes espagnoles enrobées de sucre) à 56 F le kilo, dragées chocolat (chocolat noir enrobé de sucre) à 68 F le kilo.

13 bis, rue de Comboire – 38130 **Échirolles**

131 E1. Sur l'A 480 dans la direction de Sisteron, sortir à Espace Comboire. Au rond-point, laisser Boulanger sur la gauche, passer devant Leclerc. Au deuxième rond-point, tourner à gauche. Le magasin se trouve à gauche, en face de Max Auto, à côté de Retif.

Ligne 13, arrêt Zone-de-Comboire.

Ouvert du lundi au samedi de 10 h à 12 h et de 14 h à 18 h, fermeture à 19 h de mars à octobre.

P CB

82 ■ CHOCOLATERIE AIGUEBELLE ☎ 77 53 35 39

Chocolat en tablettes, pâte à tartiner, confiseries en chocolat, dragées, pâtes de fruits.

Marques : **Cemoi, Aiguebelle**.

Le magasin offre un choix intéressant de confiseries : ballotin de truffes à 8,50 F les 250 g ; sachets de papillotes toutes pralinées, à 29,50 F le kilo ; ballotin de malakoffs pralinés à 52,50 F le kilo ; ballotin pâte de fruits Cemoi à 10,50 F les 200 g ; dragées haut de gamme à 95 F le kilo ; dragées en chocolat à partir de 55 F le kilo ; le sachet de dix dragées d'amandes Avolla à 8,45 F ; poule en chocolat de 15 cm, décorée et garnie d'œufs à la liqueur et pralinés, poids de 200 g, à 42,65 F la pièce.

2, rue du Champ-Blanc – 42290 **Sorbiers**

115 E3. Sur la N 498 de Saint-Chamond dans la direction de La Talaudière, tourner à droite au supermarché Stock dans la direction de Sorbiers par la D 106. Au feu, tourner à gauche rue du Champ-Blanc. L'usine est située sur la droite.

Ligne 27 de la Stas, arrêt Chadet.

Ouvert le mercredi de 13 h à 17 h et le vendredi de 11 h à 17 h. Le magasin est fermé de la deuxième semaine de juillet jusqu'à la fin du mois d'août.

P

83 ■ MON PLAISIR ☎ 77 93 45 66

Chocolats haut de gamme.

Marques : **Chocolats Mon Plaisir, Dragées Esclatine**.

Chocolats fabriqués de manière artisanale, avec 70 % de cacao. L'assortiment de chocolats est vendu à 190 F le kilo. À Noël sont proposées des papillotes, et à Pâques on peut acheter des moulages. Il est possible d'organiser des visites dans les ateliers au mois d'octobre.

1, rue Léo-Lagrange – ZA de la Bargette
42270 **Saint-Priest-en-Jarez**

➜ 115 E4. Sur la D 11 de La Terrasse en direction de l'Étrat, le magasin est situé sur la droite, juste après le centre Leclerc.

Ligne 52, arrêt L'Éparre.

Ouvert du mardi au samedi de 9 h à 12 h et de 15 h à 19 h.

P CB

84 ■ CHOCOLYON ☎ 72 27 13 96

Confiseries en chocolat et en pâte d'amandes.

Marques : **Cocon de Lyon, Lac des cygnes**.

Cocon de Lyon : confiserie en forme de cocon de ver à soie, où se mêlent pâte d'amandes et praliné de noisettes, orangeat et curaçao. Vente de confiseries en chocolat fin : assortiment de 250 g à 50 F.

14-22, avenue Barthélémy-Thimonnier – ZI de Caluire
69300 **Caluire**

➜ 116 A2. Du Mammouth Caluire, se diriger dans la Zone industrielle de Caluire : avenue Barthélémy-Thimonnier. Le parc d'entreprise comprenant l'usine se trouve sur la droite. Des visites de la fabrique sont organisées pour des groupes à partir de vingt-cinq personnes.

Ligne 59, arrêt Caluire-Thimonnier.

Ouvert du lundi au vendredi de 8 h à 12 h et de 14 h à 19 h.

P

85 ■ ELCA ☎ 78 27 83 51

Chocolats haut de gamme.

Marque : **Elca.**

Chocolat fabriqué de manière artisanale, sans conservateur, avec 70 % de cacao. L'assortiment de 400 g de chocolats est vendu en sachet 76 F. Il est possible d'assister à la fabrication.

4, rue Bodin – 69001 **Lyon**

➜ 116 A2. Le magasin est situé à la Croix-Rousse, en dessous du Gros-Cailloux et de l'église Saint-Bernard, à proximité de la place Bellevue.

Arrêt place de la Croix-Rousse.

M Arrêt place de la Croix-Rousse.

Ouvert du lundi au vendredi de 9 h à 12 h et de 14 h à 18 h.
À Pâques et à Noël, le magasin est ouvert du lundi au samedi de 9 h à 19 h.

86 ■ REAL COPPÉLIA ☎ 79 62 21 90

Confiseries en chocolat, dragées.

Marque : **Coppélia**.

L'assortiment de chocolat fin est vendu 125 F le kilo. Palets en chocolat 60 F le kilo, mini-tablettes de chocolat 22,50 F les 200 g, chardons 75 F le kilo, dragées Avolla 95 F le kilo, pralines, pâte de fruits...

556, rue de Chantabord – ZI Bissy – 73000 **Chambéry**

➜ 117 F3. De Chambéry, suivre la direction La Motte-Servolex. Dans la Zone industrielle de Bissy, suivre les panneaux « Déchetterie ». L'usine est située à côté des douanes et de Bourgey Montreuil.

Lignes D et L, arrêt Esclangon.

Ouvert le mercredi de 13 h à 18 h 30.

P

Électroménager
Hi-fi

87 ■ MDA ☎ 74 21 39 56

Produits électroménagers : cuisson, lavage, froid.

Grandes marques.

Articles d'électroménager neufs, en fin de série ou avec défaut d'aspect, garantis un an : lave-linge, lave-vaisselle, four, four micro-ondes, aspirateur, réfrigérateur, congélateur... Lave-vaisselle Rosières vendu 1 990 F au lieu de 2 690 F.

Route de Lyon – Les Tilleuls – 01960 **Péronnas**

➜ 103 D3. De Bourg-en-Bresse, suivre la direction de Lyon par la route de Lyon, traverser Péronnas. Le magasin est situé sur la gauche, après Bricorama.

Ouvert du lundi au samedi de 10 h à 12 h et de 14 h à 19 h, fermé le lundi matin.

P CB

88 ■ MDA ☎ 75 84 79 42

Produits électroménagers blancs : cuisson, lavage, froid.

Grandes marques.

Articles d'électroménager neufs avec défaut d'aspect, garantis un an : lave-linge, lave-vaisselle, four, four micro-ondes, aspirateur, réfrigérateur, congélateur... Lave-vaisselle Thomson avec condenseur vendu 3 390 F au lieu de 4 390 F.

RN 7 – 26600 **Pont-de-l'Isère**

➜ 130 A2. En se dirigeant de Tain-l'Hermitage vers Valence sur la N 7, le magasin est situé sur la gauche, en face de Caravelair, juste avant d'arriver à Pont-de-l'Isère.

Ouvert du lundi au samedi de 10 h à 12 h et de 14 h à 19 h, fermé le lundi matin.

P CB

89 ■ SORIA ☎ 75 51 34 20

Produits électroménagers blancs : cuisson, lavage, froid.

Grandes marques.

Articles d'électroménager neufs, en fin de série ou avec défaut d'aspect, garantis deux ans : lave-vaisselle AEG 12 couverts, aquastop, 52 décibels, 2 températures, 5 programmes, à 3 790 F au lieu de 4 890 F ; lave-linge Brandt thermostaté, 2,5 kg de linge, égouttage, essorage 500 tours, à 2 890 F au lieu de 3 190 F. Possibilité de payer en quatre fois sans frais.

✉ 175, route de Marseille – 26200 **Montélimar**

➜ 144 A1. Au centre ville, suivre la direction d'Avignon. Le magasin se trouve sur la gauche, à côté du magasin Au Grand Bazar.

🕔 Ouvert du lundi après-midi au samedi de 10 h à 12 h et de 14 h à 19 h.

P CB

90 ■ DAUPHY MÉNAGER ☎ 76 05 20 18

Produits électroménagers blancs : cuisson, lavage, froid.

Grandes marques.

Articles d'électroménager neufs, en fin de série ou avec défaut d'aspect, garantis deux ans : lave-linge 15 programmes, vendu 1 690 F ; lave-vaisselle 12 couverts, 62 décibels, vendu 2 390 F ; réfrigérateur 140 l, vendu 1 290 F.

✉ ZI Les Blanchisseries – 38500 **Voiron**

➜ 117 D4. À Voiron, suivre la direction Bourg-en-Bresse, Les Abrets, puis celle de la Zone industrielle Les Blanchisseries. Le magasin est situé derrière Dauphi Néon et à proximité de Continent. L'itinéraire d'accès est fléché.

🕔 Ouvert du lundi au samedi de 9 h à 12 h et de 14 h à 19 h.

P

91 ■ ENVIE DAUPHINE ☎ 76 53 13 19

Produits électroménagers blancs : cuisson, lavage, froid.

Grandes marques.

Ce magasin vend, entre autres, des appareils électroménagers neufs, avec défaut d'aspect, garantis un an : réfrigérateur-congélateur Edesa 325 l, à 2 900 F ; lave-linge Thomson, 5 kg de linge, grand essorage, 10 programmes, à 2 750 F. Le choix est plus ou moins intéressant, selon les arrivages. Envie vend également des appareils d'occasion reconditionnés. Possibilité de payer en trois fois sans frais.

✉ 12, rue René-Camphin – 38600 **Fontaine**

➜ 131 E1. Quitter l'A 48 à la sortie Joseph-Vallier, franchir le pont de Catane dans la direction de Rally-Fontaine. Tourner au troisième feu à gauche et prendre la contre-allée sur la gauche.

Tramway, arrêt Maissonat.

Ouvert du lundi au vendredi de 8 h à 12 h et de 13 h 30 à 18 h30, le samedi de 10 h à 12 h 30 et de 13 h 30 à 18 h.

P

92 • 93 MDA **☎ 76 09 82 06**

Produits électroménagers blancs : cuisson, lavage, froid.

Grandes marques.

Deux magasins de fabricant dans le département de l'Isère vous proposent des articles neufs, en fin de série ou avec défaut d'aspect, garantis un an : lave-linge, lave-vaisselle, four, four micro-ondes, aspirateur, réfrigérateur, congélateur... Cuisinière gaz et électrique avec tourne-broche et nettoyage catalyse, vendue 2 990 F.

92 ■ 77, rue des Alliés – 38100 **Grenoble**

➔ 131 E1. Le magasin est situé à proximité du carrefour de la rue des Alliés et de la rue de Stalingrad, en face des jardins d'entreprise l'Alliance et à côté de Speedy.

Ligne 26, arrêt Stalingrad.

Ouvert du mardi au samedi de 10 h à 12 h et de 15 h à 19 h, fermeture le samedi à 18 h.

93 ■ 13, rue des Abattoirs – 38120 **Saint-Égrève** **☎ 76 75 57 16**

➔ 131 E1. Sur l'autoroute de Grenoble vers Lyon, sortir à Saint-Égrève-Nord. Au bout de la bretelle de sortie, tourner à droite. Au feu, tourner à gauche en laissant le magasin Continent sur la gauche, puis aller tout droit. Le magasin est situé sur la gauche.

Ouvert du lundi au samedi de 10 h à 12 h et de 15 h à 19 h, fermé le lundi matin.

P CB

94 ■ **MDA** **☎ 77 58 15 20**

Produits électroménagers blancs : cuisson, lavage, froid.

Grandes marques.

Articles d'électroménager neufs, en fin de série ou avec défaut d'aspect, garantis un an : lave-linge, lave-vaisselle, four, four micro-ondes, cuisinière, aspirateur, réfrigérateur, congélateur... Les réductions de prix varient selon les appareils en vente.

33, rue du Fbg-de-la-Madeleine – 42600 **Montbrison**

➜ 114 C3. À Montbrison, suivre la direction de Boën, passer devant le stade. Au rond-point, aller dans la direction du panneau publicitaire « Total ». Le magasin se trouve sur la droite.

Arrêt Cimetière.

Ouvert du mardi au samedi de 9 h 30 à 12 h et de 14 h 30 à 19 h.

CB

95 ■ ADU ☎ 78 67 42 31

Produits électroménagers blancs : cuisson, lavage, froid.

Grandes marques.

Articles d'électroménager neufs, avec défaut d'aspect : lave-linge, l ave-vaisselle, four, plaques de cuisson, réfrigérateur, congélateur... Lave-vaisselle Vedette 12 couverts, 50 décibels, avec condenseur, à 3 690 F au lieu de 4 390 F. Garantie deux ans pièces et main-d'œuvre.

2, chemin du Génie – Bâtiment n° 20 – 69200 **Vénissieux**

➜ 116 A2. Sortir du boulevard périphérique à Moulin-à-Vent, passer devant Babou et tourner à droite au garage Mercedes dans la direction Parc d'activités du Génie. Pénétrer dans le parc et tourner à gauche au stop, puis suivre la rue. Le magasin est situé sur la gauche.

Ouvert du lundi au samedi de 10 h à 12 h et de 14 h à 19 h.

96 ■ DÉPÔT RÉGIONAL DARTY ☎ 72 17 22 11

Produits électroménagers, télévision et hi-fi.

Grandes marques.

Vente d'articles neufs, avec défaut d'aspect ou en fin de série, garantis deux ans : lave-linge, lave-vaisselle, four, réfrigérateur, téléviseur, magnétoscope... Les remises varient de 10 % à 15 % par rapport au prix public.

RN 6 – 69760 **Limonest**

➜ 116 A1. Le dépôt se situe à 100 m derrière le magasin Darty.

Ouvert du lundi au vendredi de 9 h à 12 h et de 14 h à 17 h 30, le samedi de 9 h à 17 h 30. Fermé le lundi matin.

P

CB

97 ■ ENVIE ☎ 72 71 71 52

Produits électroménagers blancs : cuisson, lavage, froid.

Grandes marques.

Envie vend essentiellement des appareils d'occasion reconditionnés, mais propose aussi quelques articles neufs, avec défaut d'aspect, garantis un an : lave-linge Océan, 5 kg de charge, 900 tours/minute, touche Économie, à 2 790 F. Les opportunités varient selon les arrivages. Les matériels avec défaut d'aspect ont tendance à être vendus assez vite.

12, rue de Cronstadt – 69007 **Lyon**

➜ 116 A2. Prendre l'avenue Berthelot dans la direction de Grenoble. Après avoir passé la place Jean-Macé, tourner à droite rue du Vivier, puis à gauche dans la route de Vienne. Tourner dans la deuxième rue à gauche, la rue de Cronstadt. Le magasin est situé sur la gauche.

Lignes 23, 39, 53, arrêt Vienne-Berthelot.

M Station Jean-Macé.

Ouvert du mardi au samedi de 9 h 30 à 12 h 30 et de 14 h à 19 h.

CB

98 • 99 • 100 • 101 • 102 MDA ☎ 78 73 73 63

Produits électroménagers blancs : cuisson, lavage, froid.

Grandes marques.

Cinq magasins de fabricant sur le département du Rhône qui vous proposent des articles d'électroménager neufs, en fin de série ou avec défaut d'aspect, garantis un an : lave-linge, lave-vaisselle, four, four multifonction avec catalyse et programmateur électronique 2 190 F, aspirateur, réfrigérateur, congélateur-réfrigérateur deux portes, 530 l, à 3 690 F. Lave-vaisselle Rosières vendu 2 590 F au lieu de 2 990 F.

98 ■ 23 bis, rue des Tuileries – 69700 **Givors**

➜ 116 A3. En venant de Lyon et en se dirigeant vers Saint-Étienne sur l'autoroute, sortir à Givors-Montrond. Le magasin se trouve sur la droite, en bordure de la sortie.

Ouvert du lundi au samedi de 9 h 30 à 12 h et de 14 h 30 à 19 h. Fermé le lundi matin.

P CB

99 ■ ZAC Les Cerisiers – Route de Lyon
69380 **Lozanne** ☎ **72 54 11 11**

➜ 115 F1. De Limonest, suivre la direction de Civrieux puis celle de Lozanne. Le magasin est situé à l'entrée du bourg, sur la gauche, après le centre Leclerc.

Ouvert du lundi au samedi de 9 h 30 à 12 h et de 14 h 30 à 19 h.

---

100 ■ 253, avenue M.-Merieux – 69007 **Lyon** ☎ **72 73 25 31**

➔ 116 A2. L'avenue M.-Merieux va du boulevard Y.-Farges au stade de Gerland.

Ligne 32, arrêt Merieux-Debourg.

Ouvert du lundi au samedi de 9 h 30 à 12 h et de 14 h 30 à 19 h, fermé le lundi matin.

---

101 ■ 27, avenue J.-Masset – 69009 **Lyon** ☎ **78 83 13 78**

➔ 116 A2. L'avenue J.-Masset, à Vaise, est perpendiculaire aux rues Gorge-de-Loup et Louis-Loucheur. Le magasin est situé entre ces deux rues.

Lignes 3 et 66, arrêt Jean-Zay. Métro : station Gorge-de-Loup.

Ouvert du lundi au samedi de 9 h 30 à 12 h et de 14 h 30 à 19 h. Fermé le lundi matin.

---

102 ■ 629, rue d'Anse – 69400 **Villefranche** ☎ **74 09 11 89**

➔ 102 B4. En venant d'Anse, le magasin est situé à l'entrée de Villefranche, sur la droite.

Ouvert du lundi au samedi de 9 h 30 à 12 h et de 14 h 30 à 19 h.

---

103 ■ NEW PRODUCT ☎ 72 33 30 49

Produits d'électroménagers blancs : cuisson, lavage, froid.

Grandes marques.

Dans un joli capharnaüm, New Product vend beaucoup d'appareils avec défaut d'aspect mais en parfait état de fonctionnement : lave-linge Ariston, chargement frontal, 500 tours/minute, 5 kg de linge, 15 programmes, garanti un an, 990 F ; lave-vaisselle Whirlpool, 12 couverts, 52 décibels, 19 l de consommation d'eau, garanti deux ans, 2 590 F ; cuisinière Ariston, 2 plaques électriques et 2 feux gaz, autonettoyant, tourne-broche, 1 400 F. La livraison et l'installation sont gratuites sur la région lyonnaise.

159, avenue Paul-Krüger – 69100 **Villeurbanne**

➔ 116 A2. Dans la direction de Caluire vers Bron, sortir du périphérique à la sortie Les Sept-Chemins et tourner immédiatement à droite au panneau « Avenue Paul-Krüger ». Le magasin est situé 20 m plus loin, sur la droite.

Lignes 28 et 81, arrêt Bonnevay – Bel-Air

Station Laurent-Bonnevay.

Ouvert du lundi au samedi de 9 h à 12 h et de 14 h à 19 h.

104 ■ OND'ÉLEC ☎ 78 09 24 27

Produits électroménagers blancs : cuisson, lavage, froid.

Grandes marques.

Articles d'électroménager neufs, déclassés ou avec défauts d'aspect : lave-linge, lave-vaisselle, four, plaque de cuisson, réfrigérateur, congélateur... Lave-linge Ariston à 1 890 F au lieu de 2 200 F.

101, boulevard Joliot-Curie – 69200 **Vénissieux**

➜ 116 A2. Sortir du boulevard périphérique à Vénissieux-Centre et suivre la direction Centre ville. Le magasin est situé après la station service Rex, sur la gauche, juste après les usines Rexroth-Sigma, dans un parc d'entreprises.

Lignes 35, 36 et 76, arrêt La Borelle.

Ouvert du lundi au samedi de 9 h à 12 h et de 14 h à 19 h, fermeture le samedi à 18 h.

P

105 ■ SERVITECH ☎ 78 75 22 05

Articles d'électroménager et outillage électrique : cafetières, aspirateurs, perceuses...

Marque : **Black et Decker**.

Servitech vend des appareils reconditionnés, garantis un an, dans différentes marques. Les prix sont surtout intéressants dans la marque Black et Decker : perceuse électronique à 402 F au lieu de 474 F ; lime électrique vendue 343 F au lieu de 499 F. Les paiements en plusieurs échéances sont acceptés pour tous les achats supérieurs à 2 000 F. Les articles ne sont pas livrés.

131-141, rue Bataille – Parc Bataille – 69008 **Lyon**

➜ 116 A2. La rue Bataille est parallèle à l'avenue Berthelot, sur sa gauche dans le sens de la circulation. Le magasin est à proximité de Grange-Blanche.

M Grange-Blanche, plus un quart d'heure de marche.

Ouvert du lundi au vendredi de 8 h à 12 h et de 14 h à 18 h, fermeture à 17 h 30 le vendredi.

P CB

106 ■ SOFIDEM ☎ 78 21 66 81

Produits électroménagers blancs : cuisson, lavage, froid.

Marques : **Brandt, Thomson, Vedette, Sauter, Thermor**.

Articles d'électroménager neufs, garantis deux ans, prélevés par l'usine pour tests ou avec défaut d'aspect : lave-linge, lave-vaisselle, four, plaque de cuisson, réfrigérateur, congélateur... Lave-vaisselle vendu 2 690 F au lieu de 3 190 F.

21, rue Aristide-Briand – 69800 **Saint-Priest**

➜ 116 B2. Sortir du boulevard de ceinture à Saint-Priest et se diriger dans la direction d'Heyrieux. Le magasin est en face de la station BP.

Ligne 94, arrêt Anatole-France.

Ouvert du lundi après-midi au samedi de 9 h 30 à 12 h et de 14 h 30 à 19 h.

P

107 ■ TDM ÉLECTROMÉNAGER ☎ 78 04 23 27

Produits électroménagers blancs : cuisson, lavage, froid.

Grandes marques.

Articles d'électroménager neufs, déclassés ou avec défaut d'aspect : lave-linge, lave-vaisselle, four, plaque de cuisson, aspirateur, réfrigérateur, congélateur... Lave-linge Bauknecht 600 tours/minute, à 2 790 F.

Centre commercial des Plantées – 69330 **Meyzieu**

➜ 116 B2. Sortir de la rocade est à Décines-Meyzieu. L'accès est fléché dans Meyzieu. Prendre la rue de la République dans la direction de Pont-de-Cheruy. Le magasin est situé derrière la station service.

Ouvert le lundi de 14 h à 19 h et du mardi au samedi de 9 h à 12 h et de 14 h à 19 h.

P

108 ■ ÉLECTRO STOCK ☎ 79 24 28 93

Produits électroménagers blancs : cuisson, lavage, froid.

Grandes marques.

Articles d'électroménager neufs, avec défaut d'aspect, garantis un an : lave-linge, lave-vaisselle (Vedette, 12 couverts, 2 températures, 55 décibels, à 2 990 F au lieu de 3 590 F), four, four micro-ondes, cuisinière, aspirateur, réfrigérateur, congélateur...

89, avenue des Salines-Royales – 73600 **Moutiers**

➜ 119 D3. Sur l'avenue de la Libération, dans le centre ville, tourner au niveau de la Banque de Savoie dans la direction du Parc d'activités des Salines et de Provencia. Le magasin est situé à 50 m, sur la gauche.

Ouvert du lundi au samedi de 9 h à 12 h et de 14 h 30 à 19 h, fermé le lundi matin.

CB

109 ■ MDA ☎ 79 72 71 78

Produits électroménagers blancs : cuisson, lavage, froid.

Grandes marques.

Articles d'électroménager neufs, en fin de série ou avec défaut d'aspect, garantis un an : lave-linge, lave-vaisselle, four, four micro-ondes, aspirateur, réfrigérateur, congélateur... Lave-vaisselle Hoover vendu 2 390 F au lieu de 2 890 F.

ZAC du Puits d'Ordet – Chemin Les Parelles
73190 **Challes-les-Eaux**

➜ 118 B3. À Challes-les-Eaux, suivre la direction de Chambéry par la RN 6. Au premier rond-point, tourner à gauche dans la direction de l'hôtel Confortel et poursuivre tout droit. Le magasin est situé 50 m plus loin, sur la droite.

Ligne G, arrêt Aviation.

Ouvert du lundi au samedi de 9 h 30 à 12 h et de 14 h 30 à 19 h, fermé le lundi matin.

P CB

110 ■ GMD ☎ 50 22 71 51

Produits électroménagers blancs : cuisson, lavage, froid.

Grandes marques.

Articles d'électroménager neufs, en fin de série ou avec défaut d'aspect, garantis deux ans pièces et main-d'œuvre : réfrigérateur Hoover, avec compartiment réfrigérateur de 245 l et compartiment congélateur de 49 l, 1 990 F.

83, rue des Roseaux – 74330 **Épagny**

➜ 118 B1. D'Annecy, suivre la direction de Bourg-en-Bresse, puis celle de Grand-Épagny et du centre des douanes. Au rond-point où se trouve Baby Kid, se diriger vers Catavana et Laissu. Le magasin est situé à gauche, à côté d'Auto-Contrôle.

Ligne 13 Biplus H Express, arrêt Grand-Épagny.

Ouvert du lundi après-midi au vendredi de 9 h 30 à 11 h 30 et de 14 h à 18 h 30, le samedi de 9 h 30 à 18 h 30.

P CB

111 ■ TEFAL ☎ 50 88 55 55

Articles ménagers : ustensiles culinaires, petit électroménager, pesage domestique, téléphonie.

Marques : **Tefal, Durabase, Ultrabase, Vivalp, Tournus**.

Vente d'articles en fin de série ou déclassés : coffret de 4 casseroles 146 F ; poêle de 30 cm de diamètre 46 F ; couteau à découper en titanium 25 F ; grill barbecue électrique Tefal 200 F ; crêpes party Tefal, 4 personnes, 210 F ; croque-monsieur Tefal 118 F ; toaster Tefal 125 F. Également des fers à repasser, des sèche-cheveux, des cafetières, des multirobots... Un magasin très intéressant.

Usine de la Fuly ZI – BP.89 – 74156 **Rumilly**

➜ 118 A1. Sortir de l'autoroute d'Annecy à Rumilly. Avant d'arriver à Rumilly, tourner à droite au rond-point dans la direction de la ZAE des Granges, puis tourner à droite au panneau « Magasin vente au personnel ». Se diriger au fond du parking, à gauche.

Ouvert les mardi et vendredi de 9 h à 11 h, et les mercredi et jeudi de 14 h à 16 h.

P CB

112 ■ FRANCE TURBO ☎ 75 84 76 19

Poêles et cuisinières à bois.

Marque : **France Turbo**.

Poêles et cuisinières à bois et sciures, avec système de récupération d'air chaud, à partir de 2 490 F. Une remise de 20 % est accordée si le poêle est emporté. Garantie de deux ans sur l'échange des pièces défectueuses.

ZI Les Serres – 26600 **La Roche-de-Glun**

➜ 130 A2. De Tain-l'Hermitage, suivre la direction de Valence, puis celle de La Roche-de-Glun et enfin celle de la Zone industrielle Les Serres. Tourner à droite au panneau « Zone industrielle La Roche ». L'usine est située sur la droite.

Ouvert du lundi au vendredi de 8 h à 12 h et de 13 h à 18 h, le samedi matin sur rendez-vous. Fermeture à 17 h le vendredi.

P

Équipement
Décoration de la maison

113 ■ INNOTEC ☎ 74 98 03 66

Canapés clic-clac BZ, banquettes, chauffeuses, poufs, rideaux.

Marque : **Déclic**.

Fabrication artisanale de canapés bien finis : ce sont les petits détails qui font la qualité. Canapé-lit clic-clac, fabriqué à la demande du client (choix du tissu, du bandeau...), à 3 900 F et à 3 100 F si le tissu (5 x 2,80 m) est fourni par le client. Chauffeuse, avec assise et dossier déhoussables, à 2 400 F. Pouf, 45 x 45 cm, à 350 F.

220, rue Bresse – 01330 **Villars-les-Dombes**

➜ 102 C4. En arrivant de Lyon à Villars, tourner au feu à gauche dans la direction de Villefranche. Suivre la direction Châtillon-sur-Chalarogne, traverser la voie ferrée et se diriger vers Vonnas et Chapelle-du-Châtelard. L'atelier est situé 400 m plus loin, sur la droite, en face du funérarium Funé-Dombes.

Ouvert du lundi au vendredi de 8 h 30 à 18 h 30, le samedi de 9 h à 12 h et de 15 h à 19 h.

P

114 ■ LA CUIVRERIE DE CERDON ☎ 74 39 96 44

Articles en cuivre et en étain.

Marque : **Cuivrerie de Cerdon**.

En cuivre : grand cache-pot 590 F, bouilloire de 4 l 560 F, moule à gâteau 120 F, pichet 165 F, série de 5 casseroles de tailles différentes 20/10 de cuivre 790 F, poissonnière 1 200 F, passoire 240 F, marmite étamée 490 F. En étain : ensemble soupière 1 300 F. Des visites commentées de la fabrique sont organisées tous les jours.

Rue de la Cuivrerie – 01450 **Cerdon**

➜ 103 E4. Cerdon est situé entre Pont-d'Ain et Nantua. À Cerdon, de la place de la Mairie où se trouve le bureau de poste, suivre la direction Cuivrerie, Presti-France.

Ouvert du lundi au vendredi de 8 h à 12 h et de 13 h 30 à 18 h 30, le samedi de 9 h à 12 h et de 14 h à 18 h 30.

P CB

115 ■ RELUX LUMINAIRES ☎ 74 00 05 08

Luminaires : lampes, lampadaires, halogènes, lampes d'architecte, lampes de bureau, lustres, lampes murales, lampes de chevet...

Marque : **Relux**.

Le magasin vend des articles à prix intéressants en fin de série ou avec des défauts d'aspect : lampes grands modèles à 142 F en fin de série ; halogènes à partir de 197 F ; appliques à partir de 90 F ; petites lampes pour chambre d'enfant à partir de 110 F ; plafonniers en broderie anglaise sur coton à 69 F, ou en paille naturelle à 52 F. Les articles avec défaut d'aspect sont situés à gauche du standard et sont vendus entre 100 F et 150 F.

Chemin départemental 28 – ZI Reyrieux – 01600 **Trévoux**

➜ 116 A1. Reyrieux est situé entre Lyon et Villefranche-sur-Saône, à côté de Trévoux. Sur la D 6 de Trévoux à Villars, prendre la D 28 à gauche, puis se diriger tout droit dans la zone industrielle. Relux se trouve au fond de la zone industrielle, sur la droite, après le rond-point.

Ouvert du lundi au vendredi de 8 h 30 à 12 h et de 13 h à 18 h, le samedi de 8 h à 12 h.

P

116 ■ BÂ TI USINE DISCOUNT ☎ 74 23 95 60

Lambris, parquets, portes.

Vente de surplus d'usine : lambris agencement en pin 22,90 F le mètre carré, parquet flottant vernis en chêne 165 F le mètre carré, lames à volet en sapin de 22 mm d'épaisseur 6 F le mètre, moulures, carrelages, blocs-portes, fenêtres, plaques de plâtre...

3, rue J.-Morgon – ZI Nord – 01000 **Bourg-en-Bresse**

➜ 103 D3. De Bourg-en-Bresse, suivre la direction de Mâcon. À la sortie de Bourg et à l'entrée de Viriat, tourner à droite à la station service BP. Le magasin est situé sur la gauche, dans le centre économique Cenord, en face du garage Renault.

Ouvert du lundi au samedi de 9 h à 12 h et de 14 h à 19 h, fermé le lundi matin.

P CB

117 ■ ADONIS ☎ 74 28 35 13

Luminaires : lampes, lampadaires, halogènes, lustres, appliques, colonnes...

Marque : **Adonis**.

Quelques prix à titre indicatif : lampes avec chapeau de 70 cm de diamètre, en céramique, entre 950 F et 1 025 F ; lampes avec moulage de fruits peints à la main à 1 600 F ; colonnes cannelées, style grec, à 660 F ; tables en verre, avec pieds en pierre de Bourgogne, effet marbre mais plus mat, de 1 085 F à 2 285 F ; grosse lampe en céramique à 788 F. Les articles en fin de série sont entreposés à l'étage. Possibilité de commander des lampes selon son choix de coloris.

✉ 19, avenue des Noyers – Domarin – 38300 **Bourgoin-Jallieu**

➜ 116 C3. Sortir de l'autoroute Lyon-Grenoble à Bourgoin-Jallieu. Suivre la direction Domarin, puis celle de Domarin-Village. Franchir la voie ferrée et tourner à droite rue des Noyers au panneau « Isotex ». L'usine est située 50 m plus loin, sur la gauche.

🕘 Ouvert du lundi au vendredi de 8 h 30 à 12 h et de 13 h 30 à 17 h 30. Grande vente au mois de septembre.

P

118 ■ HUBERT OLIVIER ☎ 74 20 07 54

Luminaires.

Marque : **Hubert Olivier**.

Lampes, cache-pot, objets de décoration : grosse lampe en céramique peinte à la main à 690 F, lampe avec pied rectiligne à 320 F, cache-pot en grès à 120 F, vase en céramique peint à la main à 290 F.

✉ Le Bourg – 38870 **Saint-Siméon-de-Bressieux**

➜ 130 C1. Saint-Siméon est situé entre Saint-Étienne-de-Saint-Geoirs et Beaurepaire. À Saint-Siméon, suivre la direction Chatenay-Viriville. L'usine est située juste avant la sortie du bourg, sur la droite, à côté d'une maison d'habitation.

🕘 Ouvert du lundi au vendredi de 8 h à 12 h et de 13 h 30 à 17 h.

119 ■ LE DAUPHIN ☎ 76 64 98 00

Luminaires et articles de décoration haut de gamme.

Marque : **Le Dauphin**.

Vente de lampes à 790 F au lieu de 1 450 F, lampadaires en verre à 950 F au lieu de 1 900 F, appliques halogènes à 390 F au lieu de 714 F, lampes de bureau, lustres, lampes de chevet à 210 F au lieu de 430 F, spots à 90 F, ainsi que des tables basses.

✉ Route de Romans – BP 137 – 38164 **Saint-Marcellin**

➜ 130 C2. Saint-Marcellin est situé entre Grenoble et Valence. À Saint-Marcellin, suivre la direction de Romans. L'usine est sur la droite, après le garage Audi.

🕘 Ouvert du lundi au vendredi de 14 h à 18 h 30, le samedi de

9 h 30 à 12 h et de 14 h à 19 h. Une grande braderie a lieu généralement le dernier week-end du mois d'août.

P CB

120 ■ BÂTI-LO ☎ 77 90 20 20

Matériaux de bricolage : menuiserie, sanitaires, carrelages, lots divers.

Bâti-Lo vend des fins de série d'usine : façade de cuisine en chêne massif, porte 123 x 56 cm, à 525 F ; vasque en grès blanc à 195 F ; évier en résine, 2 bacs et un égouttoir, à 690 F ; baignoire acrylique à 490 F ; carrelages sol de 43 F le mètre carré à 84 F le mètre carré ; cuvettes et réservoirs WC à partir de 395 F ; baignoires traditionnelles à partir de 490 F ; baignoires d'angle à partir de 990 F ; faïences cuisine à 69 F le mètre carré ; faïences murales à 65 F le mètre carré ; portes persiennes recoupables en 139 cm de hauteur à 165 F. Les opportunités dépendent des arrivages.

ZAC Le Tissot – 42530 **Saint-Genest-Lerpt**

➜ 115 E4. Saint-Genest-Lerpt se trouve à 2 km du centre de Saint-Étienne. Du centre de Saint-Étienne, suivre la direction de Saint-Just—Saint-Rambert. À Saint-Genest, prendre la direction ZAC Tissot. Bâti-Lo est un énorme bâtiment de l'autre côté de la route.

Ouvert le lundi de 14 h à 19 h ; du mardi au vendredi de 8 h 45 à 12 h et de 14 h à 19 h ; le samedi de 8 h 30 à 12 h et de 14 h à 18 h 30.

P CB

121 ■ BÂTI-ÉCO ☎ 78 08 30 30

Menuiserie, carrelages, sanitaires, matériaux de bricolage.

Vente d'articles en fin de série d'usine : bloc-porte de style en bois exotique à 560 F ; parquet flottant en chêne, 14 mm d'épaisseur, 220 x 210 cm, à 159 F le mètre carré ; faïence cuisine, 15 x 20 cm, à 25 F le mètre carré, évier en résine de synthèse, une cuve et un égouttoir, à 490 F ; receveur de douche en grès blanc, 70 x 70 cm, à 295 F ; baignoire en acier couleur à 190 F... Les opportunités dépendent des arrivages.

96, avenue du Général-Leclerc – 69300 **Caluire**

➜ 116 A2. Du sommet de la montée des Soldats, se diriger vers Rillieux, passer devant Mammouth et poursuivre tout droit. Le magasin est situé 400 m après Mammouth, sur la droite.

Ligne 59, arrêt Chemin-Petit.

Ouvert du lundi au vendredi de 9 h à 12 h et de 14 h à 19 h, le samedi de 8 h 30 à 12 h et de 14 h à 18 h 30.

P CB

122 ■ JEAN POYET SOCIÉTÉ ☎ 74 64 36 64

Literie.

Marque : **Doux Nid**.

Couvertures, molletons, protège-matelas, housses pour matelas, langes. La couverture 67 % laine pour un lit à une place à 120 F, pour un lit à deux places à 168 F.

BP 3 – Pont-Trambouze – 69240 **Thizy**

➜ 101 F4. Pont-Trambouze est situé à l'est de Roanne, entre Thizy et Cours. À Pont-Trambouze, le magasin se trouve sur la place de la Mairie.

Ouvert du lundi au vendredi de 9 h à 11 h et de 14 h à 18 h, fermeture le vendredi à 17 h.

P

123 ■ LORELEY ☎ 78 39 32 55

Luminaires.

Marque : **Loreley**.

Lampes, lampadaires, halogènes, lustres, appliques, lampes de bureau... Soldes en janvier et en juin : applique hallogène à partir de 100 F, lampadaire à partir de 300 F. Demandez à voir les stocks du grenier : articles avec défaut d'aspect.

3 bis, rue Jacquard – 69004 **Lyon**

➜ 116 A2. La rue Jacquard se trouve à la Croix-Rousse, derrière la mairie. Le magasin est situé à l'intérieur d'une cour, à l'étage.

Ligne 33, arrêt Place-des-Tapis.

Ouvert du lundi au vendredi de 9 h à 12 h et de 14 h à 18 h, le samedi de 10 h à 12 h et de 14 h à 18 h.

124 ■ PINAULT ☎ 72 13 44 99

Bois et matériaux.

Marque : **Pinault**.

Liquidations ponctuelles de stocks : bloc-porte intérieur de style, en bois exotique, 204 x 73 cm, à 795 F ; portail en bois exotique, largeur 3,05 m, hauteur 1,30 m, section des traverses 42 x 90 mm, à 1 990 F ; dalles gravillonnées à partir de 69 F le mètre carré ; pierre de Bourgogne 56 F le mètre carré ; bordure en bois 89 F pour 2,5 m ; parquets, carrelages, outillage...

3, rue Christian-de-Wett – 69100 **Villeurbanne**

➜ 116 A2. Du boulevard périphérique, prendre la sortie Genas et se diriger vers le centre de Lyon sur la route de Genas. Tourner à droite rue Christian-de-Wett après avoir passé devant le panneau publicitaire « Pinault » (sur la droite). L'entrepôt est situé sur la droite.

Ligne 25, arrêt Montchat-Pinel.

Liquidation de stock en mars-avril.

P

125 ■ SICN ☎ 74 63 13 29

Articles en fer forgé, rideaux peints, voilages.

Articles en fer forgé créés de manière artisanale : belle console en fer forgé noir, plateau en vitre, à 860 F ; la même en fer forgé vieilli, à 1 200 F ; banc patio à 1 980 F ; élégant fauteuil relax florentin en fer forgé, avec bande de tissu enlevable pour lavage, à 1 300 F ; candélabre 6 bougies en fer forgé noir, 140 F le petit modèle, 220 F le grand modèle ; panneaux de voilage brodé à la main, prêts à l'emploi, 55 x 120 cm, à partir de 200 F.

1 bis, boulevard Lamartine – 69170 **Tarare**

➜ 115 E1. Du centre de Tarare, en se dirigeant vers Lyon, le magasin se trouve sur la droite de la rue, à côté du garage Garrel.

Ouvert du lundi au vendredi de 9 h à 12 h et de 15 h à 18 h.

126 ■ BÂTI USINE DISCOUNT ☎ 79 69 31 57

Menuiserie, matériaux et isolations.

Vente de surplus d'usines : lambris agencement en pin 22,90 F le mètre carré ; parquet flottant vernis, en chêne, 165 F le mètre carré ; bloc-porte en sapin, 200 x 240 cm, 1 690 F ; moulures, carrelages, fenêtres, escaliers, façades de placard, plaques de plâtre, laine de verre...

2773, av. des Landiers – ZI Landiers-Nord – 73000 **Chambéry**

➜ 117 F3. De Chambéry, suivre la direction de La Motte-Servolex, puis celle de la Zone industrielle Landiers-Nord. Le magasin est situé à gauche, après La Halle aux chaussures, Vivamod et Gel 2000.

Ouvert du lundi au vendredi de 9 h à 12 h et de 13 h 30 à 18 h 30, fermé le lundi matin ; le samedi de 9 h à 12 h et de 14 h à 18 h 30.

P CB

127 ■ LASURE CHIMIE ☎ 79 84 22 38

Peintures, vernis, teintes, traitements du bois.

Marque : **Lasure Chimie**

Quelques exemples de prix de produits vendus en direct : décapant bois 0,87 kg à 49,15 F ; protection bois contre les vers et les ultraviolets, incolore, 183,06 F le bidon de 5 l ; gel fongicide et insecticide pour protection et décoration du bois, différents coloris de bois, 268,98 F le bidon de 5 l ; peinture laque satinée, intérieur-extérieur, coloris au choix, 276,46 F le bidon de 5 l. Le magasin prépare la peinture selon le coloris demandé.

RN 6 – Chignin – 73800 **Montmélian**

➜ 118 B3. De l'autoroute Chambéry-Grenoble, prendre la sortie n° 9 Chignin. Tourner à droite après le péage dans la direction de Chignin. Au rond-point, tourner à nouveau à droite dans la direction Albertville-Turin par la RN 6. Le magasin est situé 1 km plus loin, sur la droite. Il est bien signalé.

Ouvert du lundi au vendredi de 8 h à 12 h et de 14 h à 19 h, le samedi de 8 h à 12 h.

P CB

128 ■ JALLUT ☎ 50 37 13 05

Vernis et peintures.

Marques : **Jalcolac, Jalpeint, Jalroc, Jalmat, Ultrarapide**.

Peinture pour la maison : peinture à l'eau (acrylique à 21 F le kilo) et peinture à l'essence (laque à 70 F le kilo). Une gamme de coloris est proposée, et des mélanges peuvent être faits à la demande.

6, av. des Buchillons – ZI du Mont-Blanc – 74100 **Annemasse**

➜ 104 C3. La Zone industrielle du Mont-Blanc se trouve à Annemasse.

Ouvert du lundi au vendredi de 8 h à 12 h et de 13 h 30 à 17 h 15, fermeture le vendredi à 16 h 45.

P CB

129 ■ MODIS ☎ 78 50 77 71

Luminaires.

Petites lampes de chevet à partir de 120 F ; plafonnier accordéon à partir de 99 F ; plafonnier rétro autour de 450 F ; appliques de 89 F à 285 F. Promotions sur les lampes amphores à 219 F. Enfin, coup de cœur pour de très jolies lampes rétro avec décoration manuelle de 455 F à 734 F.

14, rue de Serrières – 69540 **Irigny**

➜ 116 A2. Sortir de l'autoroute Lyon-Marseille à Pierre-Bénite-Sud. Suivre la direction du stade à Irigny. Prendre, devant le stade, la rue de la Mouche puis, à gauche après le deuxième rond-point, la rue de Serrières. Le magasin se trouve sur la gauche, à côté de Rhône-Délices.

Ligne 15, arrêt La Mouche.

Ouvert du lundi au samedi de 9 h à 12 h et de 14 h à 19 h.

P

Lingerie
Sous-vêtements

❦

130 ■ DIS LINGERIE ☎ **79 87 00 12**

Lingerie féminine de jour et de nuit, de grandes marques dégriffées.

Ensemble slip et soutien-gorge à partir de 99 F, fond de robe, jupon à partir de 79 F, caraco, body, guêpière, maillot de bain (mars à octobre) à partir de 99 F, pyjama, liquette à partir de 59 F, chemise de nuit, nuisette, déshabillé, robe de chambre...

8, rue Antonin-Poncet – 01350 **Culoz**

➜ 117 E1. D'Aix-les-Bains, prendre la direction de Bourg-en-Bresse, Culoz. À Culoz, à la fontaine, prendre la direction de Béon. Le magasin est situé à 50 m, sur la droite.

Ouvert le lundi, le mardi, le jeudi, le vendredi de 14 h à 18 h ; le mercredi et le samedi de 8 h 30 à 11 h 30 et de 14 h à 18 h.

P CB

131 ■ LINGERIE SHOP ☎ **50 56 66 82**

Lingerie et corseterie féminine.

Marque : **Lingerie Shop**.

Lingerie Shop travaille à la commande et confectionne des articles de lingerie sur mesure : parure soutien-gorge et slip ou culotte en dentelle de Calais (blanc, noir, bleu marine et amande) 200 F ; soutien-gorge en soie naturelle et Lycra 260 F, slip assorti 150 F.

Avenue Paul-Langevin – 01200 **Bellegarde**

➜ 104 A3. Sortir de l'autoroute Lyon-Genève à Bellegarde, se diriger vers Bellegarde puis suivre sur la gauche la direction Lyon-Paris. Aller tout droit jusqu'au rond-point où se trouve La Boîte à outils et le panneau « Samse », suivre la direction Aérodrome. Tourner à gauche au panneau « Lingerie Shop ». L'entreprise est située sur la droite.

Ouvert du lundi au vendredi de 9 h à 17 h 30, le samedi de 9 h 30 à 12 h.

P

132 ■ LINGERIE HÉLIOS ☎ 75 33 15 25

Lingerie féminine.

Marques : **Hélios, Sawaco.**

Fond de robe, combinaison, jupon, chemise, caraco en laine et soie, slip, chemise de nuit, robe de chambre, nuisette, peignoir...

Chemin des Falcons – 07100 **Annonay**

➜ 130 A1. Dans le centre d'Annonay, suivre la direction Lamastre-La Louvesc. Passer devant le bureau de poste, descendre les virages en S. Le chemin des Falcons est situé sur la droite, dans un virage du bas. Le magasin est situé au début du chemin, sur la gauche.

Lignes 5 et 6, arrêt Cance.

Ouvert du lundi au vendredi de 10 h à 12 h et de 14 h à 18 h, fermé le lundi matin.

P

133 ■ DIM TEX ☎ 75 61 68 43

Lingerie et sous-vêtements hommes, femmes, enfants : collants, lingerie, chaussettes...

Marque : **Dim.**

Les ventes Dim connaissent un énorme succès. Une grande marque vendue à petits prix, c'est intéressant, même s'il s'agit de fins de collection : 3 caleçons hommes, pour 105 F ; collants à 75 F les 25 paires ; collants en Lycra à 75 F les 15 paires ; mi-bas à 75 F les 25 paires, soutiens-gorge à 95 F les 5 ; slips femmes, à 75 F les 5...

Route de Crest – 26250 **Livron**

➜ 130 A4. En venant de Valence, traverser Livron et tourner à gauche dans la direction d'Allex à la sortie de Livron, au dernier feu. Le magasin est situé 400 m plus loin, sur la droite, en contrebas de la route, dans une grande usine signalée par le panneau « Dim Tex ».

Deux ventes par an, un samedi, en avril et en octobre.

P

134 ■ DIS LINGERIE ☎ 76 09 09 93

Lingerie féminine de jour et de nuit, de grandes marques dégriffées.

Toute la lingerie féminine de jour et de nuit : jupon à partir de 79 F, ensemble slip et soutien-gorge à partir de 99 F, liquette à partir de 59 F, fond de robe, caraco, body, guêpière, pyjama, maillot de bain (mars à octobre) à partir de 99 F...

13, rue des Montagnes-de-Lans – Espace Comboire
38130 **Échirolles**

131 E2. Sur l'A 480 de Grenoble dans la direction de Sisteron, sortir à Espace Comboire (sortie n° 6), puis tourner trois fois à droite.

Ligne 13, arrêt Comboire.

Ouvert le lundi de 14 h à 19 h et du mardi au samedi de 10 h à 19 h.

P CB

135 ■ DIS LINGERIE ☎ 76 47 67 78

Lingerie féminine de jour et de nuit, de grandes marques dégriffées.

Liquette à partir de 59 F, jupon à partir de 79 F, ensemble slip et soutien-gorge à partir de 99 F, fond de robe, caraco, body, guêpière, maillot de bain (mars à octobre) à partir de 99 F, pyjama, chemise de nuit, nuisette, déshabillé, robe de chambre...

4, cours Berriat – 38000 **Grenoble**

131 E2. Le magasin est situé à proximité du carrefour avec le boulevard Gambetta, sur la droite, dans la direction du cours Jean-Jaurès, à côté des cuisines Mobalpa.

Ligne 602, arrêt Gambetta.

Ouvert le lundi de 14 h à 19 h, du mardi au vendredi de 10 h à 19 h, le samedi de 10 h à 12 h 30 et de 14 h 30 à 19 h.

CB

136 ■ J.-C. SCHOLL ☎ 77 23 26 54

Lingerie.

Marques : **Yolène, Sawaco, Hélios.**

Peignoir, chemise de nuit, body, jupon et tissus des Pyrénées.

6, boulevard de Nancy – ZI Arsenal-Sud – 42308 **Roanne**

101 D4. À Roanne, suivre la direction du cimetière Saint-Claude, puis la direction Arsenal et Giat Industries. Le boulevard de Nancy longe l'Arsenal. L'usine est située sur la droite, après la société Henitex.

Ligne 2, arrêt Artisans.

Ventes deux fois par an, le premier week-end du mois de février et du mois de juillet. Appeler pour faire confirmer les dates.

P

137 ■ BDS ☎ 74 65 00 11

Lingerie féminine.

Marque : **Virginia.**

Lingerie et corseterie haut de gamme, essentiellement en dentelle Lycra, avec un grand choix de coloris et de broderies. Les prix sont jusqu'à 50 % inférieurs à ceux du marché : slip 100 F, bustier 180 F, body 285 F...

478, rue Richetta – 69400 **Villefranche-sur-Saône**

➔ 102 B4. À la sortie de l'autoroute de Lyon, aller tout droit dans la direction de Mâcon. Au deuxième rond-point, tourner à gauche dans la route de Frans. Après avoir franchi l'autoroute, tourner à droite au rond-point : rue Richetta.

Ouvert le lundi et le jeudi de 10 h à 17 h 30 ; le mardi, le mercredi, le vendredi et le samedi de 9 h à 18 h 30.

P

138 ■ GOLDEN LADY ☎ 78 88 60 56

Bas et collants femmes et enfants.

Marques : **Golden Lady, Sissi**.

Les 3 collants fins sont vendus 11 F, les 5 paires de chaussettes en coton 25 F, chaussettes de tennis, bas...

85, rue de l'Industrie – 69140 **Rillieux-la-Pape**

➔ 116 A2. De Mammouth Caluire, se diriger vers Rillieux. Tourner à gauche au niveau de Cricket dans la direction de Fontaines, puis à gauche devant Toyota, à droite au panneau « Fontaines » et enfin à droite devant Dauphitex. L'entrée est face à celle de Dauphitex.

Ligne 58, arrêt ZAC des Marronniers.

Ouvert du lundi au jeudi de 12 h 30 à 14 h et de 16 h 30 à 18 h, le vendredi de 12 h 30 à 14 h et de 16 h à 17 h.

P

139 ■ LEOUZON-VAMP ☎ 78 52 24 97

Lingerie féminine.

Marques : **Reinabel, Ondine**.

Grand choix, y compris en grandes tailles, de slips, soutiens-gorge, bodys, maillots de bain, en dentelle extensible, broderie sur tulle, coton, et dans une grande variété de coloris. Slip à partir de 50 F, soutien-gorge à partir de 100 F, body et maillot de bain à partir de 150 F. De belles parures, des prix modiques, une adresse intéressante.

104, rue de Sèze – 69006 **Lyon**

116 A2. Le magasin est situé au premier étage d'un immeuble, à côté de l'intersection de la rue de Sèze et de la rue Masséna. Appuyer sur le bouton du portier électrique.

Ligne 36, arrêt Masséna.

Station Masséna.

Ouvert du lundi au vendredi de 10 h à 18 h.

140 ■ MÉLISSA ☎ 72 73 18 02

Prêt-à-porter féminin, confectionné essentiellement en tissu Liberty.

Marque : **Mélissa**.

Robes, style ville et vacances, en Liberty, à 500 F ; maillots de bain une pièce à partir de 300 F, deux-pièces à 250 F.

9, rue du Brigadier-Voituret – 69007 **Lyon**

116 A2. De l'ancien garage Citroën, rue Garibaldi, se diriger vers le Rhône par la rue Marc-Bloch. Au bout de la place-parking, tourner à gauche dans la rue du Brigadier-Voituret. L'usine est située 100 m plus loin, sur la gauche, à proximité de la place Jean-Macé.

Station Jean-Macé.

Ouvert du 15 mars au 30 juillet, du lundi au samedi
de 9 h 30 à 19 h.

Meubles

❦

142 ■ GROSFILLEX **☎ 74 73 30 02**

Meubles et accessoires de jardin en plastique moulé, dans différents coloris.

Marque : **Grosfillex**.

Table à rallonge 1,80 x 2,25 m, blanche, 350 F ; fauteuil blanc avec accoudoir 30 F ; grand parasol, 2 x 3 m, 500 F ; transat bain de soleil blanc, dossier réglable, 150 F ; fauteuil blanc, 4 positions réglables, 100 F ; coussin mousse pour fauteuil 20 F ; grande vasque, 60 cm de diamètre, 50 F ; caisse, 40 x 40 x 32 cm, à 150 F ; bac vert séquoia, 49 x 49 cm, avec réserve d'eau, 70 F.

Le Village – 01100 **Arbent**

➜ 103 F2. D'Oyonnax, se diriger vers le nord dans la direction Arbent. Après être entré dans Arbent, l'usine, un grand bâtiment blanc de quatre niveaux, est située sur la gauche.

Ouvert du lundi au vendredi de 8 h 30 à 11 h 45 et de 13 h 30 à 17 h.

P

143 ■ SOCIÉTÉ NOUVELLE DE LITERIE ET DÉCORATION ☎ 74 21 48 82

Matelas, sommiers et banquettes.

Vente d'articles avec défauts d'aspect : grand lit laitonné à 1 960 F ; grand lit laque époxy à 1 550 F ; sommier, 20 x 70 x 190 cm, vendu 5 800 F ; matelas confort latex, 40 x 190 x 23 cm, à 1 220 F ; oreillers, traversins, protège-matelas...

2463, avenue de Lyon – 01960 **Péronnas**

➜ 103 D3. De Bourg-en-Bresse, suivre la direction de Lyon par la route de Lyon, traverser Péronnas. Le magasin est situé sur la gauche, après MDA.

Ouvert du lundi au samedi de 9 h à 12 h et de 14 h à 19 h.

P

144 ■ ROSSILLON ☎ 75 33 37 25

Meubles rustiques et de style.

Marque : **Meubles Rossillon**.

Exposition, sur 9 000 m², de chambres à coucher, salles à manger, salons, cuisines sur mesure, salles de bains. Table ronde, en chêne massif, à 4 450 F ; bibliothèque deux corps, en merisier, à 17 050 F ; armoire trois portes, en chêne massif, à 12 000 F.

6, rue Alphonse-Franc – 07100 **Annonay**

➜ 130 A1. À Annonay, suivre la direction Lamastre-La Louvesc, passer devant le bureau de poste. Descendre les virages en S. Franchir le pont, tourner à droite et pénétrer dans la cour intérieure. L'usine est en brique rouge, avec une grande pancarte « Magasin d'usine ».

Lignes 5 et 6, arrêt Cance.

Ouvert du lundi au samedi de 9 h à 12 h et de 13 h 30 à 19 h, fermé le lundi matin. Ouvert le dimanche de 14 h à 18 h 30.

P

145 ■ RONDIN ÉTS ☎ 75 48 68 22

Meubles rustiques pour chambre à coucher.

Marque : **Meubles Rondin.**

Armoire deux portes 3 000 F, lit une place 940 F, table de chevet 400 F, commode 960 F.

Le Bourg – 26190 **Sainte-Eulalie-en-Royans**

➜ 131 D2. Juste avant d'arriver à Sainte-Eulalie, l'usine se trouve à droite sur la route.

Ouvert du lundi au jeudi de 8 h à 12 h et de 14 h à 18 h,
le vendredi de 8 h à 11 h.

P

146 ■ GIROD SA ☎ 76 97 65 44

Bois, menuiserie.

Moulures, lambris, parquets, bois tropicaux, bois du Nord. Lambris en sapin du Nord à 44,10 F HT le mètre carré.

131, rue du Bac – 38530 **Pontcharra-sur-Bréda**

➜ 117 F4. L'usine est située entre la rivière de l'Isère et la voie ferrée. En venant de l'autoroute, tourner à gauche avant Pontcharra.
Au rond-point, prendre la rue de la Dragueline, puis à droite la rue du Bac.
À l'usine, s'adresser au bureau.

Ouvert du lundi au vendredi de 7 h 30 à 12 h et de 14 h à 17 h 30.

P

147 ■ SALEM ☎ 76 37 01 13

Meubles de style en bois.

Marque : **Salem.**

Commode galbée Régence, trois tiroirs, en merisier, 11 000 F ; bibliothèque Louis-Philippe, deux portes vitrées, en aulne, 7 294 F ; armoire Régence, trois portes, en merisier, 28 650 F.

27, rue de Belley – 38480 **Pont-de-Beauvoisin**

➜ 117 E3. Le magasin est situé à la sortie de la ville, dans la direction d'Aoste, sur la droite.

Ouvert du lundi au vendredi de 8 h à 12 h et de 13 h 30 à 17 h 30, le samedi de 10 h à 12 h et de 14 h 30 à 19 h.
Une ou deux liquidations de stocks dans l'année.

P

148 ■ COREME ☎ 77 33 62 61

Canapés, sièges.

Marque : **Coreme**.

Vente de canapés, fauteuils, méridiennes, chauffeuses, lits garantis 18 mois, ainsi que de tissus d'ameublement en fin de collection. Canapé vendu 3 200 F, chauffeuse vendue 1 980 F.

2, rue des Mutilés-du-Travail – 42000 **Saint-Étienne**

➔ 115 E4. De la place du Peuple, remonter la rue Gambetta dans la direction du sud. Passer devant les Nouvelles Galleries et tourner à gauche dans la rue des Mutilés-du-Travail. Le magasin se trouve sur la droite.

Ligne 4, arrêt Bourse-du-Travail.

Ouvert du lundi au samedi de 9 h 30 à 12 h et de 14 h à 18 h 45, fermé le lundi matin.

149 ■ GERBET GREBOT ☎ 78 29 50 13

Sièges contemporains.

Marque : **Sièges Gerbet Grebot**.

Vente d'articles de démonstration et en fin de série : canapés et fauteuils haut de gamme en cuir ou en tissu. Canapé deux places en tissu Alcantara à 8 000 F, canapé trois places en nubuck de taurillon à 21 000 F, deux places à 17 000 F.

38, rue Coste – 69300 **Caluire**

➔ 116 A2. De la station de métro Cuire, se diriger vers la Grande-Rue-de-la-Croix-Rousse. La fabrique est située sur la gauche, après l'enseigne « Garage Peugeot », en face de la maison des Hauts de Cuire.

Lignes 13, 33 et 41, arrêt Cuire.

M Station Cuire.

Une vente annuelle sur cinq jours, généralement en mars.

150 ■ GRANGE ☎ 78 44 52 72

Meubles de style.

Marque : **Meubles Grange**.

Grand choix de meubles de caractère : Louis XVI, Directoire, Louis-Philippe, dix-neuvième siècle, baroque, provençal, contemporain. Séjours, chambres, bibliothèques, sièges... Vente de prototypes, d'articles en fin de série et de retours d'exposition : commode Louis-Philippe, quatre tiroirs, en merisier massif, à 5 750 F ; table ronde, quadripode, pied central, deux allonges, teinte merisier, à 7 600 F ; lit merisier massif, 140 x 190 cm, à 6 500 F. Les meubles sont à emporter.

✉ ZI Le Plomb – Route de Duerne
69590 **Saint-Symphorien-sur-Coise**

➜ 115 E3. De Lyon, aller à Craponne, Saint-Martin-en-Haut et Saint-Symphorien-sur-Coise. Dans le bourg, suivre la direction Aveize-Duerne. Tourner à gauche au panneau « Dépôt Grange ».

Vente en général le dernier week-end du mois de novembre, sur trois jours : le vendredi, le samedi et le dimanche, de 9 h à 19 h.

P

151 ■ TISSOT ☎ 74 26 32 26

Meubles de style.

Marque : **Meubles Tissot.**

Meubles de style, rustiques et contemporains, en chambre à coucher, chambre d'enfants, ainsi que modèles campagnards. Vente d'articles de fin de série ou de prototypes.

✉ Hameau La Bourrie – 69610 **Haute-Rivoire**

➜ 115 E2. De Sainte-Foy-l'Argentière, suivre la direction de Haute-Rivoire. Arrivé au bourg, prendre la direction de Feurs. L'usine est située sur la gauche, en face d'un bâtiment aux portes bleues, à côté de Tiway.

Ouvert du lundi au vendredi de 8 h à 12 h et de 13 h 30 à 17 h.
S'adresser au bureau : porte vitrée de couleur bois.
Demander monsieur Tissot.

P

Prêt-à-porter

152 ■ AUPI ☎ 78 55 40 41

Prêt-à-porter bcbg femmes et enfants, ainsi que quelques articles hommes dans des cotons de très grande qualité : tee-shirts, débardeurs, cardigans, polos...

Marques : **Reproduction Interdite** et **Beautiful World**.

Les vêtements Aupi connaissent un succès croissant grâce à leur confection soignée et à la qualité des cotons employés : tee-shirt ou débardeur féminin côtelé, en coton supérieur, uni ou chiné, 50 F à 100 F ; tee-shirt de soirée pour femmes, manches longues, en coton très doux, uni ou brodé, 60 F ; polo de rugby hommes, bicolore, coupé-cousu, 100 % coton, 100 F. Pour les enfants : bikini en coton imprimé, 30 F ; bermuda écossais en coton pour garçons, 50 F ; veste molleton, 70 F ; robe en jean Denim, 100 F ; tee-shirt brodé, 40 F... La qualité des articles rappelle celle de grandes marques à la mode. Aupi a arrêté ses fameux tee-shirts dont la couleur change au soleil mais, à la vue de ses vêtements, c'est maintenant la tête de ses clients qui change, sans soleil !

ZI de la Tuillière – Rue de la Traille – 01700 **Miribel**

➜ 116 B1. En venant de Lyon sur l'A 42 Bourg-Genève, prendre la sortie n° 4 Parc de Miribel-Jonage. Au premier rond-point, suivre la direction Miribel, au deuxième rond-point aller tout droit, passer devant deux centres équestres et tourner à gauche au petit pont de Miribel. Tourner à gauche, au bout du pont, dans la direction ZI de la Tuillière. Longer le Rhône sur 1 km et tourner à gauche dans la rue de la Traille. Aupi est situé 100 m plus loin, sur la gauche, dans un bâtiment moderne, gris, de la société Patt.

Deux ventes par an, fin juin et fin novembre, sur trois à quatre jours, de 9 h à 18 h 30.

P

153 ■ COTÉLAC ☎ 50 48 29 98

Prêt-à-porter féminin, jeune et bcbg.

Marque : **Côté Lac**.

Le magasin vend, avec des articles de premier choix, les fins de séries, les prototypes et les deuxièmes choix issus de l'usine située aux Neyrolles : cardigan bleu marine à fines rayures blanches horizontales, en coton, 290 F ; corsaire uni, en coton, 220 F ; robe d'été en dentelle tactel et élasthane, blanche, 390 F ; débardeur en lin et voile de coton, couleur fraise, 160 F ; jupe longue assortie 240 F, jupe courte assortie, 170 F ; kilt court en coton et viscose, bleu-gris, 290 F ; pulls à partir de 150 F.

47, rue de la République – 01200 **Bellegarde**

➜ 104 A3. Sortir de l'autoroute Lyon-Genève à Bellegarde et suivre la direction du centre ville. Descendre la rue principale (rue de la République). Le magasin est situé sur la droite, après le cinéma Variétés et avant l'hôtel de ville, qui se trouvent à gauche.

Arrêt Hôtel-de-Ville.

Ouvert du mardi au samedi de 10 h à 12 h et de 14 h 30 à 19 h.

CB

154 ■ FANELLIA ☎ 74 75 01 97

Prêt-à-porter féminin.

Marque : **Fanellia**.

Ventes d'articles de deuxième choix, de prototypes et de fins de série. Collection été : tee-shirt 100 % soie 150 F, débardeur 120 F, jupe 190 F, pull 240 F, cardigan 190 F, pantalon 190 F, veste 300 F, chemise 190 F, gilet 220 F, saharienne 490 F...

2, rue du Docteur-Mercier – 01130 **Nantua**

➜ 103 F3. En venant de Bourg-en Bresse et de Lyon, en longeant le lac, suivre la direction Centre ville. Le magasin est situé à l'entrée du bourg, sur la droite, en face du monument aux morts, juste après le magasin Haase.

Ouvert du lundi au dimanche de 10 h à 12 h et de 14 h 30 à 19 h.

155 ■ GRIFFONNAGE ☎ 74 22 64 04

Prêt-à-porter féminin et articles en maille femmes et hommes.

Marques : **Griffon Frères, Griffonnage**.

Sur la collection été pour les femmes : chemisier 249 F, cardigan 319 F, pull 249 F, pantalon 219 F, robe 349 F, veste 479 F, ensemble 549 F...

330, boulevard E.-Herriot – 01440 **Viriat**

➜ 103 D3. À Viriat, au nord de Bourg-en-Bresse, suivre la direction A 40 Mâcon-Paris. Le magasin est situé sur la droite, après le garage Renault et la Banque régionale de l'Ain, mais avant l'hôpital de Fleyriat.

Ouvert du lundi après-midi au samedi soir de 9 h 30 à 12 h et de 14 h 30 à 19 h.

P CB

156 • 157 HAASE ☎ 74 23 00 03

Prêt-à-porter féminin, articles de sport et de détente, et quelques articles pour homme.

Marques : **Haase, Tapis Volant** et **grandes marques dégriffées.**

Deux magasins de fabricant sur le département de l'Ain. Haase fabrique pour un grand couturier parisien dans la mode féminine. Le magasin vend des articles en fin de collection et des articles dégriffés. Femmes : tee-shirt en coton 50 F ; gilet en coton, uni, 50 F ; caleçon en coton, uni, 100 F ; veste en coton molletonné 335 F ; coupe-vent en coton et polyamide 390 F ; body en coton et Lycra 140 F ; brassière en coton et Lycra, fantaisie, 90 F. Hommes : blouson en velours 399 F.

156 ■ 6, rue Charles-Robin – 01000 **Bourg-en-Bresse**

➜ 103 D3. Le magasin est situé dans le centre ville, en face du magasin de bonneterie et de prêt-à-porter Felix.

Ouvert du mardi au samedi de 9 h 30 à 12 h et de 14 h à 19 h. Fermé les trois premières semaines du mois d'août.

CB

157 ■ 1, rue du Docteur-Mercier – 01130 **Nantua** ☎ 74 75 19 53

➜ 103 F3. En venant de Bourg-en-Bresse et de Lyon, en longeant le lac, suivre la direction Centre ville. Le magasin est situé à l'entrée du bourg, à l'angle de la rue du Docteur-Mercier et de l'avenue du Lac, en face du monument aux morts, à côté du magasin Fanellia.

Ouvert du mardi au samedi de 10 h à 12 h et de 14 h 30 à 19 h.

P CB

158 ■ PETIT DIABLE ☎ 74 23 91 62

Vêtements pour enfants de 0 à 16 ans.

Marque : **Petit Diable.**

Le magasin vend des articles en provenance directe de l'usine de Villefranche : barboteuse 1 an, à fines rayures bleu clair ou roses, un peu de dentelle, en promotion à 97,50 F ; caleçon à fleurs, fillettes de 2 ans, à 80 F ; chemisier blanc avec broderie sur le col, fillette de 4 ans, 130 F ; robe d'été rouge à petites fleurs, boutonnée sur le devant, manches courtes bouffantes, taille 4 ans, en promotion à de 110 F ; maillot de bain une pièce, en Lycra, motifs bicolores, en promotion à 50 F ; caleçon à fleurs, taille 10 ans, à 100 F ; jeans, taille 8 ans, à 99 F ; polo, style Lacoste, couleur unie, taille 10 ans, en promotion à 30 F.

37, avenue Alsace-Lorraine – 01000 **Bourg-en-Bresse**

103 D3. Dans le centre de Bourg-en-Bresse. Le magasin est situé presque en face de la place Joubert et à 20 m du cinéma Éden et du parking Teynière-Préfecture, sur le même côté de la chaussée.

Lignes 1, 2, 3, 4, 5, 6, arrêt Préfecture.

Ouvert du lundi au samedi de 9 h 30 à 12 h et de 13 h 30 à 19 h, ouverture à 14 h le lundi.

CB

159 ■ BONNETERIE CÉVENOLE ☎ 75 41 55 77

Tricots hommes et femmes : pulls ras du cou, col en V, col roulé...

Marque : **Montagut**.

Vente des articles de la collection précédente : pull en laine fine à 70 F ; pull fantaisie à 100 F ; veste pour femmes à 200 F ; gilet à 250 F ; jupe à 150 F ; polo, chemise...

1001, avenue de la République – 07500 **Granges-lès-Valence**

130 B3. De Valence, suivre la direction de Saint-Péray, franchir le Rhône. L'usine est située après le deuxième feu, sur la gauche, en traversant Granges.

Ligne 20, arrêt Pierre-Blanche.

Ouvert du lundi au vendredi de 9 h 30 à 12 h et de 14 h à 19 h, le samedi de 9 h 30 à 19 h.

P CB

160 ■ CRÉATEX ☎ 75 33 48 98

Chapeaux d'été et d'hiver pour hommes, femmes, enfants.

Marque : **Boyer-Lati**.

Vente de chapeaux en fin de collection ou avec défaut d'aspect. Tous les styles de chapeaux sont proposés : chapeaux pour la mode, chapeaux pour les loisirs, chapeaux de sport, en paille, feutre, cuir, toile... Nous avons tout particulièrement admiré les séduisants chapeaux de demoiselle d'honneur. Les prix sont jusqu'à 30 % inférieurs à ceux pratiqués en boutique.

68-70, rue Gaston Duclos – BP 48 – 07100 **Annonay**

130 A1. En venant de Lyon, suivre la direction centre ville. L'usine est située à l'entrée de la ville, sur la gauche, dans la courbe de la rue.

Lignes 6 et 7, arrêt Duclos.

Ouvert du lundi au vendredi de 8 h à 11 h 45 et de 13 h 45 à 16 h 30.

161 ■ EURODIS ☎ 75 40 59 97

Prêt-à-porter hommes, femmes, enfants.

Très grand choix de vêtements : pull marin 50 % coton à 99 F ; polo, tee-shirt, jupe, tunique, robe unie collection d'été à 79 F ; pantalon d'été à 69 F ; caleçon femmes, à 45 F ; maillot de bain hommes, en coton, à 35 F...

Avenue de Gross-Umstadt – 07130 **Saint-Péray**

130 A3. De Valence, suivre la direction de Saint-Péray, franchir le Rhône. Le magasin est situé au deuxième rond-point sur la droite après avoir passé devant Babou.

Ligne 20, arrêt La Maldière.

Ouvert du lundi au samedi de 9 h à 12 h et de 14 h à 19 h, fermé le lundi matin.

P CB

162 ■ LES GENS D'EN FACE ☎ 75 67 75 93

Prêt-à-porter hommes et femmes, en daim, en nubuck et en cuir.

Marque : **Les Gens d'en face**.

Le magasin vend des échantillons, des articles en fin de collection ou avec défaut d'aspect : perfecto à 780 F, pilote à 790 F, parka en agneau à 1 490 F, veste femmes à 990 F... Et en prime des gens sympathiques !

68, rue Gaston-Duclos – 07100 **Annonay**

130 A1. Le magasin est situé sur la place qui se trouve en face de l'ancienne gare SNCF, derrière la rue Gaston-Duclos.

Lignes 4 et 7, arrêt Gare-SNCF.

Ouvert du 15 septembre au 31 mars, du lundi au vendredi de 14 h à 18 h, le samedi de 9 h à 12 h et de 14 h à 18 h.

P

163 ■ MAZA ☎ 75 29 81 80

Prêt-à-porter féminin et enfants de 2 à 18 ans, des pantalons pour hommes et quelques coupons de tissu.

Marques : **Driver, Maza, Chattawak, Les Galopins**.

Le magasin propose des articles de sportswear à des prix sages : robe d'été Chattawak en coton, avec motifs, 139 F ; pantalon d'été Driver, pour femmes, en coton uni, 159 F ; robe Maza en coton, mi-longue, boutonnée sur le devant, 249 F ; pantalon et jeans hommes, 169 F ; sweat-shirt adultes, 129 F ; salopette 14 à 18 ans 169 F ; robe 8 ans 149 F ; veste 14 à 18 ans 139 F ; coupe-vent 14 à 18 ans 209 F.

Route de Valence – 07160 **Le Cheylard**

129 E3. Le Cheylard est situé entre Saint-Agrève et Privas. Du centre du bourg, suivre la direction de Valence. Le magasin se trouve à la sortie du Cheylard, sur la gauche, entre le bureau de poste et le cimetière.

Ouvert du mardi au vendredi de 16 h à 18 h 30, le samedi de 15 h à 18 h 30.

164 ■ COMPAGNIE DES CUIRS ET PEAUX ☎ 75 02 82 52

Prêt-à-porter masculin.

Marque : **Alain Manoukian**.

Le magasin exerce une activité de négoce sur les vêtements en cuir. En revanche, les articles de prêt-à-porter hommes, fabriqués par Alain Manoukian et vendus avec une saison de décalage, présentent beaucoup d'intérêt : chemise manches longues, imprimée ou unie, à 100 F ; chemise manches courtes à 150 F ; pull en coton, col rond ou col polo, à 100 F ; polo maille piquée à 80 F ; pantalon en coton à 100 F. Une bonne vente des collections précédentes — voilà les ventes d'usine que l'on aime !

34, rue Félix-Faure – 26100 **Romans**

130 B2. Le magasin est situé à proximité de la gare SNCF, en face de la Sernam, à l'angle du boulevard Gabriel-Péri et de la rue Félix-Faure.

Ouvert du lundi après-midi au samedi de 9 h à 12 h et de 14 h à 19 h.

CB

165 ■ COMPAGNIE TEXTILE DU LAC ☎ 75 05 34 13

Prêt-à-porter féminin.

Marques : **Tehen, Elle Maille, Fanellia, Côté Lac**.

Vente de fins de série, deuxièmes choix, prototypes : pull en soie 490 F, robe 480 F, jupe 245 F, tunique 320 F, tee-shirt 89 F, chemise 149 F, pantalon 195 F, veste 490 F, paréo 79 F.

1, rue Sabaton – 26100 **Romans**

130 B2. Descendre la côte des Cordeliers. Le magasin est situé en face de la galerie Fan'halles, à l'angle de la rue Sabaton, qui prolonge la côte des Cordeliers, et de la place Lally-Tollendal.

Ligne 2, arrêt Les Halles.

Ouvert du lundi au vendredi de 10 h à 12 h et de 14 h à 19 h, le samedi de 10 h à 19 h. Fermé le lundi matin.

CB

166 ■ DAUPHI MAILLE ☎ 75 70 19 01

Vêtements pour enfants de 3 mois à 14 ans.

Marque : **Le Dauphin.**

Grand choix de vêtements pour enfants à petits prix : chemises, pantalons, salopettes, shorts, robes, jupes... Sur la collection d'été : salopette à 60 F, ensemble pantalon-chemise à 80 F...

1, avenue Robert-Schumann – 26300 **Bourg-de-Péage**

130 B2. Au centre ville, prendre la direction de Grenoble sur la N 132. À la sortie de Bourg-de-Péage, prendre à droite, boulevard Raphaëlle-Lupis, puis tourner à gauche dans l'avenue Marius-Moutet. L'usine se trouve à droite.

Ouvert du mercredi au samedi de 14 h à 19 h.

P

167 ■ DÉPÔT-VENTE Alain MANOUKIAN ☎ 75 02 96 45

Prêt-à-porter féminin.

Marque : **Alain Manoukian.**

Le magasin vend certains articles de la saison précédente à des prix intéressants : veste style Saint-James à 350 F au lieu de 749 F ; blazer en coton à 400 F ; pull en coton à 150 F au lieu de 399 F ; jupe en lin à 200 F au lieu de 389 F ; ensemble uni, en lin et viscose, comprenant un blazer cintré à la taille et une jupe longue, à 500 F.

34, rue Félix-Faure – 26100 **Romans**

130 B2. Le magasin est situé à proximité de la gare SNCF, en face de la Sernam, à l'angle du boulevard Gabriel-Péri et de la rue Félix-Faure.

Ouvert du lundi après-midi au vendredi de 9 h 15 à 12 h et de 14 h à 19 h, le samedi de 9 h 30 à 12 h 30 et de 14 h à 19 h.

CB

168 ■ DJEZI ☎ 75 02 56 16

Prêt-à-porter en maille pour femmes et enfants, sous-vêtements, ainsi que quelques articles pour hommes.

Marque : **Djezi.**

Le magasin vend des articles en provenance directe de l'usine de Troyes :

ensemble jupe et débardeur pour fillette, 59 F ; trois tee-shirts pour 100 F ; jogging adultes, 150 F ; ensemble pull et jupe en maille à 499 F ; veste femmes, en laine mélangée, 499 F ; polo style Lacoste 69 F ; caleçon hommes, 35 F.

62, rue Jacquemart – 26100 **Romans-sur-Isère**

130 B2. La rue Jacquemart va de la place Carnot, à côté de la gare SNCF, au centre ville. Le magasin est situé au début de la rue, à côté de la gare.

Lignes 1A et 1B, arrêt Jacquemart.

Ouvert du mardi au samedi de 9 h à 12 h et de 14 h à 19 h.

CB

169 ■ DJEZI ☎ 75 40 93 06

Vêtements en maille pour femmes et enfants, quelques articles pour hommes : ensembles, cardigans, vestes, jupes, robes, tuniques, pulls, polos, sous-vêtements...

Marques : **Renic, Djezi**.

Le magasin vend des articles en provenance directe de l'usine de Troyes : blazer bleu marine en laine et acrylique, pour femmes, à 499 F ; jupe plissée bleu marine, en laine et acrylique, à 299 F ; slip femmes, à 12 F ; polo en maille piquée, style Lacoste, pour hommes, à 69 F, ou les deux à 100 F ; trois slips hommes, à 50 F ; jogging à partir de 109 F ; trois tee-shirts enfants pour 100 F.

389, avenue Victor-Hugo – 26000 **Valence**

130 B3. Du centre ville, prendre la direction de Montélimar. Le magasin est situé sur la gauche, entre le mobilier contemporain Cinna et le garage Renault.

Lignes 1, 19, 21, arrêt Grands-Moulins.

Ouvert le lundi de 15 h à 19 h, et du mardi au samedi de 10 h à 12 h et de 14 h à 19 h.

P CB

170 ■ HAASE ☎ 75 31 65 65

Prêt-à-porter féminin : articles de sport, gymnastique et détente pour fillettes à partir de 6 ans et pour femmes. Quelques articles pour hommes. Tissus pour la confection.

Marques : **Haase, Le Temps d'aimer, marques dégriffées**.

L'usine Haase fabrique du prêt-à-porter féminin pour le compte d'un grand couturier parisien, ainsi que des vêtements de sport et de détente. Le magasin d'usine vend les collections des années précédentes.

Les matières sont confortables, avec beaucoup de coton, de velours-éponge, de maille, et de la microfibre pour les parkas. Des vêtements de marque, comme cette ravissante veste imprimée en coton d'un grand couturier parisien, à 680 F, ou ce tee-shirt en coton et polyester à 340 F. C'est dans la marque de fabrique Haase que les prix sont les plus intéressants, aussi bien dans la ligne maillots de bain, de 120 à 160 F, que dans la collection de tee-shirts Haase Energy, un peu plus commune, à environ 110 F.

Le Village – 26210 **Manthes**

116 B4. Le village est situé à 3 km de Beaurepaire par la D 139. Dans le village, l'usine se trouve devant le bureau de poste, à droite, en direction de Saint-Sorlin–Anneyron. La boutique, qui comporte une vitrine, est signalée par un grand panneau « Haase ».

Ouvert du lundi au samedi de 14 h à 19 h.

P CB

171 ■ LA SWEATERIE ☎ 75 02 79 20

Prêt-à-porter féminin, quelques articles pour hommes.

Marque : **Alain Manoukian**.

Le magasin vend certains articles de la saison précédente à des prix intéressants : tee-shirt femmes, à manches longues, à 179 F au lieu de 349 F ; caleçon femmes, uni ou imprimé, 100 F ; robe à 223 F ; pantalon pour femmes, en lin, 225 F au lieu de 449 F ; gilet en maille 150 F ; cardigan à 159 F ; en promotion, trois tee-shirts pour 100 F ; sweat-shirt à manches longues, pour hommes, à 150 F.

36, rue Félix-Faure – 26100 **Romans**

130 B2. Le magasin est situé à proximité de la gare SNCF, en face de la Sernam, à l'angle du boulevard Gabriel-Péri et de la rue Félix-Faure.

Ouvert du lundi après-midi au vendredi de 9 h 15 à 12 h et de 14 h à 19 h, le samedi de 9 h 30 à 12 h 30.

CB

172 ■ MARÈSE ☎ 76 24 50 08

Prêt-à-porter hommes et enfants de 1 mois à 12 ans.

Marques : **Marèse, Temerit**.

Sur la collection d'été enfants, vendue sous la marque Marèse, nous avons noté : robe 100 % coton à 176 F, polo 100 % coton à 89 F, pantalon 100 % coton à 162 F. Les articles hommes sont vendus sous la marque Temerit : chemise 100 % coton à 59 F, pantalon d'été 100 % coton à 119 F.

17, chemin de la Poterne – 38100 **Grenoble**

131 E2. Sortir de la rocade sud qui va de Chambéry à Saint-Martin-d'Hères. Passer devant le Grill Campanile, le centre Leclerc, Renault, la cafétéria Midinette. Tourner à gauche à la Compagnie de chauffage. L'usine est au bout du chemin Robespierre.

Ligne 34, arrêt Paul-Cocat.

Ouvert le lundi de 14 h à 17 h 45, du mardi au samedi de 10 h à 17 h 45.

CB

173 • 174 MODEM ☎ 76 21 14 23

Prêt-à-porter féminin.

Marque : **Karting.**

Deux magasins de fabricant dans le département de l'Isère. Modem vend, en partie, des fins de collection de la marque Karting : veste avec défaut d'aspect 490 F au lieu de 830 F, chemisier de l'été précédent 515 F au lieu de 860 F, jupe de l'hiver précédent 530 F au lieu de 750 F...

173 ■ 18, rue d'Alembert – 38100 **Grenoble**

131 E2. Le magasin est situé derrière la gare SNCF, entre la rue Pierre-Sémard et le cours Bérriat.

Fontaine-La Poya, arrêt Saint-Bruno.

Ouvert le lundi de 14 h à 19 h, et du mardi au samedi de 10 h à 12 h et de 14 h à 19 h. Remise de 30 % pendant les périodes de soldes.

CB

174 ■ Usine de la vallée – 38140 **Renage** **☎ 76 91 09 23**

117 D4. Sortir de l'autoroute Grenoble-Lyon à Rives. À Renage, suivre la direction de Lyon, rue de la République. Tourner à droite au panneau « Zone d'activités de la Vallée-Spa ». Le magasin est situé au fond de la vallée, au premier étage du bâtiment de gauche.

Ouvert du lundi au samedi de 9 h à 11 h 30 et de 13 h 30 à 18 h 30.

P CB

175 ■ PETIT DIABLE ☎ 78 32 48 21

Prêt-à-porter enfants de 0 à 16 ans, style classique.

Marque : **Petit Diable.**

Les articles sont plutôt haut de gamme, avec coupes et imprimés assez classiques. Les prix sont relativement normaux en dehors des périodes de liquidation : petits ensembles ou salopettes 6 mois à 135 F environ ; robes fillettes de 2 ans à partir de 200 F ; bermudas à 140 F ; chemisettes manches courtes, taille 2 ans, en différents imprimés, à 95 F ; pull 4 ans à 195 F ; pantalon en toile de coton à partir de 110 F pour le même âge ; K- Way 6 ans à 245 F.

Rte de Loyettes – Centre commercial des Cinq-Chemins
38230 **Chavanoz**

116 C2. De Lyon, aller à Meyzieu, Jonage, Jons, Villette-d'Anthon et Chavanoz. Le magasin est sur le parking de MDA.

Ouvert du mardi au samedi de 9 h à 18 h 30.
Attention, fermeture parfois entre 12 h et 13 h .
Liquidation de stock deux fois par an, vers la mi-décembre et la fin juin, pendant un mois, avec 50 % de réduction.

P CB

176 ■ TRICOT PONCET ☎ 76 66 10 59

Prêt-à-porter hommes, femmes, enfants, en tricot (laine mélangée avec de la polyamide et de l'acrylique).

Marque : **Poncet**.

Quelques exemples de la gamme des produits et des prix : veste en maille perlée, pour femmes, à 420 F ; jupe tricotée à 230 F ; veste assortie 300 F ; pull féminin col ouvert et caleçon, 500 F l'ensemble ; pull hommes, à manches longues, couleur unie, ras du cou ou col en V, à 240 F ; gilet hommes, en tricot, à 250 F en couleur unie, ou à 270 F en motif Jacquard ; pull enfants, taille 8 ans à 100 F, et taille 14 ans à 150 F. Il est possible de choisir les coloris du jacquard.

Rue Monnet-d'Aiguenoire – 38500 **Voiron**

117 D4. Prendre, en face du bureau de poste, la rue Jean-Jaurès. Le magasin est situé à une centaine de mètres plus loin.

Ouvert du lundi au vendredi de 8 h à 12 h et de 13 h 30 à 18 h, le samedi de 9 h 30 à 12 h.

177 ■ VADALOU ☎ 76 09 70 51

Prêt-à-porter féminin.

Marque : **Karting**.

Vente, en partie, des fins de collection de la marque Karting : ensemble deux-pièces collection de l'été précédent 590 F au lieu de 905 F, pantalon de l'été précédent 290 F au lieu de 430 F, jupe 310 F au lieu de 430 F, tunique 350 F au lieu de 475 F.

83, avenue de la République - 38130 **Échirolles**

131 E2. D'Échirolles, prendre l'avenue de Grugliasco dans la direction d'Eybens. Tourner à droite au garage Citroën, dans la rue de la Liberté. Le magasin est situé sur la gauche, en face des pompiers.

Ligne 16, arrêt Stade.

Ouvert du lundi au samedi de 9 h à 12 h et de 14 h à 19 h, fermé le lundi matin.

P CB

178 ■ COMPTOIR ROANNAIS TEXTILE ☎ 77 71 99 10

Layette, prêt-à-porter enfants de 1 mois à 4 ans.

Marque : **CRT**.

Ensemble mixte 6 mois soldé 120 F, robe 6 mois soldée 110 F, ensemble molletonné fille 4 ans soldé 130 F. Les soldes ont lieu en janvier et en juillet.

34, rue Général-Girard – 42300 **Roanne**

101 D4. Le magasin est situé en face de l'entrée du stade Henri-Malleval.

Ligne 4, arrêt Malleval.

Ouvert le lundi de 14 h à 18 h, et du mardi au samedi de 9 h à 12 h et de 14 h à 18 h.

P

179 ■ DESARBRE ☎ 77 71 39 81

Prêt-à-porter femmes, jersey au mètre.

Marque : **Desarbre**.

Collection hiver : robe soldée 500 F, pull femmes soldé 300 F, veste hommes soldée 1 690 F, manteau femmes 100 % laine soldé 2 090 F, ensemble tailleur en laine soldé 750 F. Vente de tissus de confection au mètre.

26, rue Antoine-Chaperon – BP 1006 – 42300 **Roanne**

101 D4. Du centre de Roanne, prendre la rue de Clermont, franchir la voie ferrée, tourner à gauche sur la rue Claude-Bochard, puis à nouveau à gauche dans la rue Antoine-Chaperon. L'usine se trouve sur la gauche (grande cheminée en brique).

Ligne 6, arrêt Rivage.

Deux ventes par an : le premier week-end de février pour la collection d'hiver et le premier week-end de juillet pour la collection d'été. Téléphoner avant pour avoir confirmation de la date.

P

180 ■ DNZ DIFFUSION ☎ 77 71 70 22

Prêt-à-porter féminin.

Chemisiers en crêpe, jupes, pulls. Les prix sont confidentiels.

30, rue Général-Giraud – 42300 **Roanne**

➜ 101 D4. Le magasin est situé en face de la piscine de Roanne et du stade Henri-Malleval.

Ligne 4, arrêt Malleval.

Ouvert du lundi au vendrdi de 9 h à 12 h et de 14 h à 17 h 30. Le magasin est fermé au mois d'août.

P

181 ■ ÉCUYER & THOMAS ☎ 77 54 20 27

Chapeaux hommes et femmes, essentiellement en feutre, ainsi que quelques chapeaux en paille.

Marques : **Écuyer et Thomas, Flêchet**.

Votre chapeau, quel qu'en soit le style (feutre, paille, lapin, lièvre), pour femmes ou hommes, vous reviendra ici à 500 F. On trouve de superbes panamas hommes ou femmes, confectionnés dans de la paille en provenance de l'Équateur, de qualité incomparable ; des borsalinos à bords plus ou moins larges ; d'immenses chapeaux habillés pour les élégantes, mais aussi de simples chapeaux de feutre pour finir une tenue. Ici, on vous apprend qu'il n'y a pas de « têtes à chapeaux », mais l'on s'attache à vous trouver LE chapeau qui convient à VOTRE tête.

43, rue Claude-Protière – 42140 **Chazelles-sur-Lyon**

➜ 115 E3. À Chazelles, suivre la direction Viricelles. L'usine, grise, est située sur la gauche, dans un virage.

Ouvert du lundi au vendredi de 8 h à 12 h et de 14 h à 18 h, fermeture à 17 h le vendredi.

182 ■ GONNET ☎ 77 36 48 62

Chemises hommes et femmes.

Marque : **Georges Gonnet**.

Vente de chemises, surchemises, polos, gilets, caleçons hommes.

ZI La Verrerie – Allée Saint-Laurent
42170 **Saint-Just – Saint-Rambert**

➜ 115 D3. À Saint-Just, suivre la direction ZI La Verrerie. Tourner à droite dans l'allée Saint-Laurent au panneaux « ZI La Verrerie », après Vert et Renouat. Le bâtiment est blanc, avec des bordures bleues.

Il est situé sur la gauche, à côté de la verrerie de Saint-Just.

Deux ventes dans l'année, aux mois d'avril et de novembre, de 15 h à 21 h le vendredi et de 8 h à 19 h le samedi.

P

183 ■ GRIFFON FRÈRES ☎ 77 23 06 97

Prêt-à-porter féminin, articles en maille pour hommes.

Marques : **Griffon Frères, Griffonnage**.

Chemisiers, robes, jupes, pulls, gilets, pantalons, ensembles et articles en maille. Collection hiver : ensemble tailleur femmes, soldé 619 F ; gilet hommes, en laine, soldé 149 F ; pull femmes, en laine, soldé 95 F.

41, rue Georges-Plasse – 42300 **Roanne**

➜ 101 D4. Au carrefour derrière la gare SNCF, prendre la rue Saint-Alban. Tourner à gauche rue F.- Buisson, poursuivre rue Georges-Plasse. Le magasin est situé sur la gauche, à proximité du stade Henri-Malleval.

Ligne 8, arrêt Plasse.

Ouvert le lundi de 14 h à 19 h, du mardi au samedi de 9 h 30 à 12 h et de 14 h à 19 h.

P CB

184 ■ GRIFFON SA ☎ 77 44 80 85

Prêt-à-porter féminin.

Marque : **Marcelle Griffon**.

Collections automne-hiver des années précédentes : tailleur à 995 F, ensemble maille à 700 F, robe jersey à 500 F. Soldes en janvier-février et en juillet.

Rue Clément-Ader – ZI de Beaucueil – 42300 **Riorges**

➜ 101 D4. De Roanne, prendre la rue Mulsant derrière la gare SNCF, poursuivre rue du Maréchal-Foch. Tourner à droite dans la rue Pasteur, poursuivre rue Pierre-Dubreuil. Se diriger vers la Zone industrielle de Beaucueil.

Ligne 5, arrêt Ader.

Ouvert du mercredi au vendredi de 12 h à 19 h, le samedi de 9 h 30 à 18 h 30.

P CB

185 ■ LE GAILLARD ☎ 77 71 20 39

Prêt-à-porter féminin en maille et tricot.

Marques : **Le Gaillard, Jean Girard**.

Sur la collection hiver : cardigan 50 % laine 205 F ; veste femmes, 100 % coton, 100 F ; robe 50 % laine 205 F ; veste maille 60 % laine vierge 200 F ; châle en étamine de laine 130 F.

7, boulevard de la Liberté – 42300 **Roanne**

101 D4. Du centre de Roanne, prendre la rue de Charlieu dans la direction de Digoin-Mâcon. Tourner à droite dans le boulevard de la Liberté. Le magasin est situé sur la droite, à côté de la boucherie JM et du magasin ED.

Ligne 2, arrêt Liberté.

Ouvert du mardi au samedi de 9 h à 12 h et de 14 h 15 à 19 h.

P CB

186 ■ M. C. FERRET ☎ 77 71 46 27

Prêt-à-porter féminin en maille.

Marque : **Saint Charles**.

Vêtements féminins, 50 % laine, en fin de série : robes, jupes, pulls, gilets de 200 F à 600 F.

8, rue Danielle-Casanova – 42300 **Roanne**

101 D4. Prendre la rue Jean-Jaurès. Juste avant d'arriver à la place de l'Hôtel-de-Ville, tourner à gauche dans la rue Danielle-Casanova. L'usine, blanc et rouge, est située sur la gauche.

Ligne 2, 6 et 10, arrêt Hôtel-de-Ville.

Ouvert du lundi au vendredi de 8 h 30 à 11 h 30 et de 14 h à 17 h 30, fermeture le vendredi à 16 h.
Grandes ventes au cours des mois de mai et de novembre.

187 ■ MARCOUX-LAFAY ÉTS ☎ 77 24 04 93

Pulls hommes, femmes, enfants, et prêt-à-porter enfants.

Marques : **Mac Fay, Jean de Meslene, Zit et Zet**.

Pull Mac Fay, uni, lambswool, 80 % laine, à 135 F ; ensemble Mac Fay en jersey, avec débardeur, à 90 F, et jupe à 129 F ; ensemble Jean De Meslene en laine, avec jupe en laine, à 140 F ; gilet Jacquard en acrylique à 212 F ; pull Mac Fay Jacquard enfants, 70 % acrylique, 30 % laine, à 149 F ; collection d'été Zit et Zet pour enfants : tee-shirt jersey en Lycra à 69 F, robe jersey en Lycra à 69 F, jupe jersey en Lycra à 45 F. Salopette Mac Fay Baby de 3 mois à 2 ans à 90 F. Accueil sympathique !

Avenue du Champ-de-Foire
42130 **Sainte-Agathe-la-Bouteresse**

114 C2. Sortir de l'autoroute à Feurs et prendre la N 89 dans la direction de Boën. À Sainte-Agathe, tourner à droite au panneau publicitaire « Forez Distribution » dans l'avenue du Champ-de-Foire. Continuer tout droit. L'usine se trouve sur la droite.

Ventes le jeudi, le vendredi et le samedi qui suivent la Pentecôte, ainsi que trois jours en décembre.
Téléphoner pour connaître les dates exactes.

P CB

188 ■ POIZAT ☎ 74 89 87 87

Chemises hommes et chemises enfants de 2 à 16 ans. La marque Scala assure les tailles du 36 au 48.

Marques : **Scala, Air Ways.**

La marque Scala propose le haut de gamme pour hommes. La marque Air Ways distribue la gamme fantaisie pour hommes et pour enfants. Scala : chemises de ville en coton, et polyester et coton, double retors, de 160 F à 230 F ; chemises de soirée, poignées mousquetaire, boutonnage caché, bandes placées, 180 F en col ville et 190 F en col cassé ; chemises manches courtes à 160 F. Air Ways : chemises fantaisie pour hommes, en coton ou viscose, imprimées, à partir de 150 F ; chemises enfants, de 70 F à 90 F.

Route de La Buche – 42460 **Le Cergne**

101 F4. Le Cergne est situé à 4 km de Cours-la-Ville. Au bourg, de l'hôtel Bellevue, suivre la direction de Belmont. L'usine est située 150 m plus loin, sur la gauche. Le bâtiment est de couleur ivoire.

Ouvert du lundi au vendredi de 15 h à 18 h.
Ventes exceptionnelles deux week-ends en mai et deux week-ends en juin, de 9 h à 19 h.

CB

189 ■ TARA BOUTIQUE ☎ 77 71 22 59

Prêt-à-porter couture féminine haut de gamme.

Marque : **Pering.**

Collection hiver : tailleur 100 % laine à 1 300 F, ensemble en maille à 900 F, blouson ou veste en soie à 2 000 F. Soldes en janvier et en juillet.

45, boulevard Charles-de-Gaulle – 42120 **Le Coteau**

101 E4. De Roanne, franchir la Loire dans la direction de Saint-Étienne–Lyon et continuer dans l'avenue de la Libération. Tourner à gauche dans l'avenue de la République. Au carrefour, tourner à droite sur

le boulevard Charles-de-Gaulle. Le magasin est situé sur la gauche, derrière Vivamod et Besson Chaussures.

Ligne 4, arrêt Artisanat.

Ouvert le lundi de 15 h à 19 h, du mardi au samedi de 10 h à 12 h et de 15 h à 19 h.

P

190 ■ TEAM MAIL ☎ 77 71 66 46

Tricots hommes et femmes.

Marque : **Lewinger**.

Vente de fins de collection en pulls, polos, gilets, robes, pantalons...

31, rue Saint-Alban – 42335 **Roanne**

➜ 101 D4. À Roanne, passer devant la gare SNCF. Au carrefour, aller tout droit dans la rue Saint-Alban. Le magasin est situé sur la gauche.

Ligne 9, arrêt Buisson.

Ouvert du mardi au vendredi de 15 h à 19 h, le samedi de 9 h à 12 h.

CB

191 ■ TICO SKINORD ☎ 77 71 86 61

Pulls, gilets, ensembles hommes et femmes.

Marque : **Sabry**.

Fins de série de l'année précédente, en laine et acrylique, ou en coton et acrylique : cardigan femmes, soldé 90 F ; pull-over soldé 85 F ; gilet soldé 115 F. Il existe une carte de fidélité.

44, rue Cotton – 42302 **Roanne**

➜ 101 D4. Derrière la gare SNCF, prendre la rue Saint-Alban, puis tourner à droite rue Cotton. Le magasin est situé sur la gauche.

Ligne 9, arrêt Dupuis.

Ouvert le lundi de 15 h à 18 h, du mardi au jeudi de 15 h à 18 h 30, le vendredi de 10 h à 12 h et de 15 h à 18 h 30, le samedi de 10 h à 12 h et de 15 h à 18 h.
Les soldes ont lieu en janvier et en juillet.

P

192 ■ ZANNIER ☎ 77 31 13 13

Vêtements enfants de 0 à 16 ans.

Marque : **Z**.

Robes, jupes, ensembles, caleçons longs, pantalons, jeans, bermudas, chemises, polos, tee-shirts, sweats, vestes, cardigans, blousons, combinaisons, joggings...

ZI Clos-Marquet – 42400 **Saint-Chamond**

115 E3. À Saint-Chamond, aller à L'Horme. Juste avant d'entrer dans le bourg, tourner au feu à gauche et suivre la direction de Lyon puis celle de la ZI Clos-Marquet. L'usine se trouve au sommet de la côte, des deux côtés de la rue.

Ligne 3, arrêt Zannier.

Une vente en avril ou en juin, sur trois jours.
Téléphoner pour connaître les dates précises.

P

193 ■ ANNÉE BIS ☎ 78 60 94 48

Prêt-à-porter féminin.

Marques : **Fanellia, Tehen**.

Vente de prototypes et d'articles dégriffés ou en fin de série. Sur la collection d'été : tee-shirt en soie 150 F, débardeur 120 F, cardigan 150 F, pull col en V 150 F, jupe 190 F, veste 390 F, pantalon 190 F...

6, cours Lafayette – 69003 **Lyon**

116 A2. En venant du quai Sarrail, le magasin est situé au début du cours Lafayette, sur la droite, avant la rue Molière.

Lignes 1 et 18, arrêt Square-Jussieu.

Ouvert du mardi au samedi de 9 h 15 à 12 h 15 et de 14 h à 19 h.

P CB

194 ■ CEPOVETT ☎ 74 62 47 00

Articles de sportswear hommes et femmes : pantalons, jeans, pulls, chemises...

Marque : **Sétrak**.

Le magasin vend les surplus de l'usine : jeans femmes, à 140 F ; short 40 F ; blousons cintrés, premier et deuxième choix, à 80 F ; pantalons, style les années 70, à fleurs ou à rayures, à 160 F ; tee-shirts hommes, à 40 F ; polos à 30 F ; robes en deuxième choix, en jean ou de couleur, forme près du corps, longues, à 140 F ; quelques blazers en coton, hommes ou femmes, décontractés, à 160 F ; gilet en coton à 100 F ; articles déclassés à 100 F.

226, route de Montmelas – Gleizé
69400 **Villefranche-sur-Saône**

➜ 102 B4. Longer le cimetière de Villefranche jusqu'au stade Montmartin. La route de Montmelas est derrière le stade. L'usine est à proximité du garage Mercedes et du Tennis-Club de la Chartonnière.

Ouvert le lundi de 10 h à 12 h et de 15 h à 19 h,
le mercredi de 10 h à 12 h et de 14 h à 18 h.

P

195 ■ COTTON WEAR COMPANY ☎ 78 34 15 21

Articles de sportswear brodés, de style bcbg, pour femmes, ainsi que du prêt-à-porter, habillé et très féminin, en satin, viscose et Lycra.

Marque : **Cotton Wear Company**.

Dans un cadre champêtre accueillant, vous découvrirez les chemisiers, brodés de fleurs ou d'animaux, qui ont fait le succès de Cotton Wear dans le domaine du sportswear. Confectionnés en coton ou viscose, (tissu uni, rayé ou vichy), les chemisiers sont vendus de 160 F jusqu'à 260 F pour les plus brodés. Les broderies, très colorées et très nature, sont régulièrement renouvelées. La ligne de prêt-à-porter est plutôt mode, jeune et glamour. Nous avons remarqué de belles vestes haut de gamme, en satin-Lycra façonné de fleurs, aspect soierie, vendues de 550 F à 700 F. La jupe assortie, dans la même matière, droite et courte, vous coûtera 329 F, ou 280 F si elle est en satin, ou bien 399 F en voile de viscose. Une adresse tout naturellement intéressante.

88, chemin de l'Aigas – 69160 **Tassin-la-Demi-Lune**

➜ 116 A2. De l'horloge de Tassin, suivre la direction de Charbonnières–Marcy-l'Étoile par l'avenue de la République puis par l'avenue du 11-Novembre. Au rond-point, suivre la direction Tassin-L'Aigas par la route de Sain-Bel. Tourner à gauche et remonter le chemin de l'Aigas. L'entreprise est située sur la gauche, au portail vert à barreaux.

Deux ventes par an, fin mai et début décembre, sur dix jours,
de 10 h à 18 h. Téléphoner pour connaître les dates précises.

P

196 ■ DAUPHITEX ☎ 72 01 30 70

Confections enfants de 3 mois à 16 ans.

Marques : **Floriane, Babar, Tintin, Kickers**.

Pour les 5 à 16 ans : tee-shirt 60 F ; caleçon, cycliste, short 70 F ; chemise 90 F ; sweat, gilet manches longues 110 F ; pantalon, bermuda, jupe, pyjama 130 F ; salopette, robe, ensemble 150 F ; veste, parka, blouson 190 F... Les ventes de Dauphitex attirent toujours la grande foule. Seules renoncent à acheter celles que les longues files d'attente aux caisses rebutent.

54, rue de l'Industrie – 69140 **Rillieux-la-Pape**

116 A2. De Mammouth Caluire, se diriger vers Rillieux. Tourner à gauche au niveau de Cricket dans la direction de Fontaines, puis à gauche devant Toyota, à droite au panneau « Fontaines » et enfin à droite devant Dauphitex. L'entrée est en face de Golden Lady.

Ligne 58, arrêt ZAC-des-Marronniers.

Deux ventes par an, aux mois de mai et de novembre, sur quatre jours, de 9 h à 18 h, avec une nocturne. Téléphoner pour connaître les dates précises.

P CB

197 ■ DIFAC ☎ 72 00 85 20

Prêt-à-porter hommes et femmes.

Cravates en soie 170 F, foulards, chemises, ceintures, bretelles, sacs, petite maroquinerie, parapluies, chaussures...

65, rue Coste – 69300 **Caluire**

116 A2. Le magasin est situé à côté du terminus du métro à Caluire.

Ouvert du mardi au vendredi de 14 h 30 à 18 h 30, le samedi de 10 h à 12 h et de 14 h à 19 h.

198 ■ ESPACE ENERGY ☎ 72 75 02 73

Prêt-à-porter hommes et femmes.

Chemisier femmes, 80 F ; cravate en soie 100 F ; chemise hommes, en coton, 130 F ; ensemble chemise Oxford et cravate en soie à 200 F ; deux chemises hommes, à 150 F.

12, place du Maréchal-Liautey – 69006 **Lyon**

116 A2. En se dirigeant sur le cours Franklin-Roosevelt vers le Rhône, tourner à gauche une fois arrivé à la place du Maréchal-Liautey. Le magasin est sur la gauche, à côté du bar Le Liautey.

M Station Foch.

Ouvert du lundi au vendredi de 9 h 30 à 18 h 45, le samedi de 9 h 30 à 12 h et de 14 h à 18 h 30.

CB

199 ■ FANELLIA ☎ 72 04 31 04

Prêt-à-porter féminin.

Marque : **Fanellia.**

Collection d'été : tee-shirt brodé 130 F, marinière brodée 150 F, débardeur col en V 110 F, chemisier 120 F, chemisier en viscose brodé 270 F, jupe 120 F, veste en tricot 120 F, gilet 140 F, robe à bretelles 230 F, pantalon 110 F, tailleur 600 F...

34, rue Francine-Fromont – 69120 **Vaulx-en-Velin**

116 A2. Sortir de la rocade est à Vaulx-en-Velin-La Rize et suivre la direction Vaulx-en-Velin et ZA Est. Au niveau de Renault, tourner à gauche en direction de la ZA Est, puis dans la première rue à droite. Le magasin est situé sur la gauche.

Vente selon les stocks d'invendus : en général en mai, en juin et en novembre, de 10 h à 19 h.

P CB

200 ■ FOURIRE ☎ 78 08 80 42

Vêtements enfants de 4 à 16 ans, essentiellement en coton. Quelques articles pour bébés et pour femmes. Accessoires en toile enduite : sac, sac à idée, cartable, trousse de toilette, ceinture banane...

Marque : **Fourire**.

Marque reconnaissable entre toutes par ses couleurs toniques (rouge, vert, jaune, marine) et sa créativité, Fourire offre un choix d'articles chic et de qualité : parka à doublure amovible en fourrure polaire 390 F ; sweat-shirt avec dessin imprimé 115 F ; pantalon de jogging 109 F ; robes à partir de 89 F ; bermuda 59 F ; corsaire 69 F ; imperméable 240 F ; cartable jusqu'à 6 ans 95 F, grande taille 165 F ; grand sac de voyage adultes, avec penderie, 365 F. Une gamme très astucieuse de sacs à idée : serviette-peignoir de bain pliable en sac 250 F ; sac de tennis, de plage, à langer... Tissus de la collection 25 F le mètre en 140 cm de large. Une équipe, des articles et des prix pour repartir avec le sourire.

6, impasse Gord – 69004 **Lyon**

116 A2. L'impasse Gord est située à proximité de la station de métro Hénon, dans le prolongement de la fresque du mur des Canuts, sur la droite. Fourire se trouve au bout de l'impasse, à droite, juste avant le boulodrome des Canuts.

M Station Hénon.

Ligne 61, arrêt La Ficelle.

Deux ventes par an, la première quinzaine de juin et la première quinzaine de décembre, de 9 h à 12 h et de 14 h à 18 h.

201 ■ GALLICE ☎ 74 03 96 56

Sportswear hommes et femmes.

Marque : **Gallice**.

À partir de 50 F : jeans, chemises hommes, 100 % coton, caleçons hommes, polos femmes, tee-shirts... À partir de 100 F : pulls.

155, rue des Fayettes – 69400 **Villefranche-sur-Saône**

➜ 102 B4. À la sortie de l'autoroute de Lyon, tourner à gauche au rond-point et suivre la direction de Villefranche-Centre par l'avenue E.-Herriot. Après avoir franchi la voie ferrée, tourner à droite et aller tout droit. Tourner à gauche à la clinique vétérinaire.

Lignes 1, 2, 3, arrêt ZAC-Fayettes.

Ouvert du lundi au samedi de 9 h 30 à 12 h et de 14 h 15 à 19 h. Appeler pour savoir si le magasin est ouvert le samedi.

P

202 • 203 • 204 • 205 JAC'GIL ☎ 78 24 75 77

Vêtements enfants de 0 à 16 ans.

Marques : **grandes marques dégriffées**.

Quatre magasins de fabricant sur le département du Rhône. Jac'Gil offre une gamme intéressante d'articles dégriffés de premier choix en provenance de grands fabricants : grenouillère, 1-3 mois, 80 % en coton, 69 F ; body, 3 mois-2 ans, en coton, 29 F ; robe d'été en coton imprimé, 3-12 ans, 99 F ; pantalon d'été en coton, 4-14 ans, 89 F ; polo d'été en coton, les deux à 100 F ; cardigan molleton, 4-14 ans, 49 F.

202 ■ 6-8, avenue Maréchal-de-Saxe – 69006 **Lyon**

➜ 116 A2. Les deux magasins sont situés entre la rue de Sèze et le cours Franklin-Roosevelt, du côté Rhône.

M Station Foch.

Ouvert du lundi au samedi de 9 h 30 à 12 h et de 14 h à 19 h.

203 ■ 12, rue Victor-Hugo – 69002 **Lyon** ☎ **72 40 20 66**

➜ 116 A2. Le magasin est situé à 100 m de la place Bellecour, presque en face de la rue François-Dauphin.

M Station Bellecour.

Ouvert du lundi au samedi de 10 h à 13 h et de 14 h à 19 h.

204 ■ 69, avenue des Frères-Lumière
69008 **Lyon** ☎ **78 75 17 29**

➜ 116 A2. De Lyon, vers le périphérique. Le magasin est situé sur la gauche, entre la rue Villon et la rue Saint-Maurice.

M Station Monplaisir.

Ligne 9, arrêt Saint-Maurice.

Ouvert du lundi au samedi de 9 h 30 à 12 h et de 14 h à 19 h.

205 ■ 58, Grande-Rue-de-la-Croix-Rousse
69004 **Lyon** ☎ **78 29 23 84**

➜ 116 A2. De l'hôpital de la Croix- Rousse, se diriger vers la place de la Croix-Rousse. Le magasin est situé sur la gauche, 25 m après avoir coupé la rue Hénon.

Station Croix-Rousse.

Ligne 13, arrêt Pailleron.

Ouvert du lundi après-midi au samedi de 9 h 30 à 12 h et de 14 h 30 à 19 h.

206 ■ **JEAN BIOLAY** ☎ **74 89 39 10**

Prêt-à-porter féminin : chemisiers, robes, jupes, vestes, tailleurs, ensembles....

Marque : **Jean Biolay**.

Prêt-à-porter féminin de style classique, spécialisé dans les grandes tailles. Robes en viscose et lin à 450 F ; robe avec défaut d'aspect à 175 F ; jupes à 160 F ; prototypes et collections passées de 100 F jusqu'à 350 F, en taille 42 uniquement ; coupons de tissu de 80 F à 120 F ; coordonnés–jupe 245 F, top 120 F, blouson 310 F ; jupes plissées 345 F.

Rue Jean-Goujat – Les Petits Brotteaux – 69550 **Amplepuis**

➜ 115 E1. Amplepuis est situé au nord-ouest de Tarare. À Amplepuis, prendre la rue du 11 Novembre, passer la place du 11-Novembre et continuer tout droit dans la direction de Thizy. La rue Jean-Goujat est en face du café des Sports.

Ouvert du lundi au vendredi de 14 h à 18 h, le samedi de 9 h à 12 h.

P

207 ■ **JUMFIL** ☎ **78 46 10 01**

Prêt-à-porter féminin de la taille 38 à la taille 56. Jumfil propose également des vêtements sur mesure.

Marque : **Jumfil**.

Dans un cadre spacieux, les hôtesses Jumfil vous accueillent chaleureusement. Elles proposent un choix de vêtements très intéressant dans l'Espace fins de série : veste tricot en Courtelle bleu pâle à rayures blanches, avec ancre brodée, 300 F ; pull assorti, avec rappel de broderie, 200 F ; jupe longue assortie, blanche, 100 F ; chemisier en microfibre, uni ou imprimé, 200 F ;

ensemble habillé, uni ou imprimé, en microfibre et mousseline, 690 F ; ensemble trois-pièces, uni, en crêpe et dentelle, 690 F.

200, route de Lyon – 69390 **Vernaison**

116 A2. De Lyon, prendre l'autoroute de Marseille et sortir à Solaize. Arrivé devant l'église de Vernaison, tourner à droite dans la direction d'Irigny. Le magasin est situé sur la droite, au bord de la D 15, à la sortie de Vernaison.

Ouvert du lundi au samedi de 9 h 30 à 12 h et de 13 h 30 à 19 h. Grande braderie les neuf premiers jours de juillet.

P CB

208 ■ KICKSELF ☎ 78 49 58 40

Vêtements enfants de 0 à 18 ans et chaussures (pointures du 17 au 46).

Marques : **Kickers, Z, Absorba, Alphabet, Mot de passe, Confetti, Trois Pommes**.

Les mères de famille avisées se retrouvent ici autour d'un vaste choix de vêtements et de chaussures pour enfants : pantalon Z en coton, 10 ans, 84 F ; pull Z torsadé, 3 ans, 85 F ; polo Z à rayures, manches longues, en coton, 8 ans, 75 F ; robe écossaise Absorba, en coton, 2 ans, 154 F ; grenouillère à grosses rayures bleues, 35 F ; barboteuse Trois Pommes, 2 ans, 79 F ; sandales blanches Kickers, en cuir, à boucles, 189 F. En promotion : jupe 72 F, anorak 60 F, sweat-shirt 57 F, chemise 62 F, mocassins en cuir 133 F, chaussures de sport adultes, en cuir, 83 F.

189, avenue Jean-Jaurès – 69150 **Décines**

116 B2. En venant de la rocade est, suivre la direction de Décines-Centre. Le magasin est situé sur la droite, en face de l'agence Ecco.

Lignes 67 et 95, arrêt Square-Marcet.

Ouvert du lundi après-midi au samedi de 9 h 30 à 12 h 30 et de 14 h 30 à 19 h. Soldes en périodes légales.

P CB

209 ■ LA POIRE EN DEUX ☎ 78 24 59 84

Prêt-à-porter hommes, femmes, enfants.

Marques : **Cacharel, Creeks, Daniel Hechter, Louis Feraud, Petit Bateau, Pierre Cardin, Rodier**...

Ce magasin vend les fins de collection de grands fabricants. Hommes : cravate en soie 129 F, caleçon 49 F, chemise 189 F, bermuda Timberland 149 F, jeans Lee Cooper ou Creeks 149 F, costume De Fursac 1 290 F, blouson Daniel Hechter 450 F. Femmes : jupe Cacharel 189 F, jupe Rodier

249 F, robe 169 F, chemisier Cacharel 189 F, ensemble Devernois 650 F, caleçon 99 F. Enfants : salopette Osh Kosh 149 F, chemise Absorba 49 F...

273, cours Lafayette – 69006 **Lyon**

116 A2. Le magasin est situé sur la gauche du cours Lafayette dans le sens Lyon-Villeurbanne, entre les rues Inkerman et Charmettes.

Ligne 1, arrêt Sainte-Geneviève.

Ouvert du lundi au samedi de 10 h à 19 h, le dimanche de 10 h à 13 h.

CB

210 ■ LES JACOBINS ☎ 78 42 55 34

Prêt-à-porter et chaussures hommes, femmes, enfants.

Marques : **grandes marques dégriffées**.

Vente de fins de collection : veste d'été hommes, 690 F ; pantalon hommes, en coton, 149 F ; costume d'été 1 450 F ; chaussure de bateau en cuir 250 F ; robe 490 F ; tailleur 790 F ; body 199 F.

Place des Jacobins – 69002 **Lyon**

116 A2. De la place Bellecour, prendre la rue du Président-E.-Herriot dans la direction de la place des Jacobins. Le magasin est situé sur la droite, au feu de la place des Jacobins, à l'intersection avec la rue Confort.

Ligne 28, arrêt Jacobins.

Ouvert le lundi de 14 h à 19 h 30, et du mardi au samedi de 9 h 30 à 12 h 30 et de 13 h 30 à 19 h 30.

CB

211 ■ LUCCHINI SA ☎ 74 65 15 33

Prêt-à-porter sportswear hommes et femmes (chemise, pull, pantalon, parka...), et quelques articles pour enfants.

Marques : **Lucchini, Lucky**.

C'est le sportswear qui domine ici puisque 50 % des articles sont en jean. Les pantalons femmes, coupe droite ou classique, sont au prix de : 138 F avec braguette, 159 F avec boutons. Pantalons hommes à 135 F. En promotion, les blousons cintrés pour femmes, couleur jean ou autre, sont à 150 F, les robes à 120 F. Les shorts fleuris sont bradés 50 F, les shorts en lin de couleur 99 F. Les polos adultes, style Lacoste, marqués Lucchini, sont à 45 F. Quelques articles pour enfants : jeans couleur, 4 à 10 ans, à 99 F ; sweat à 80 F. Les cartes de crédit sont acceptées à partir de 120 F d'achat.

1, place Faubert – BP 444 – 69656 **Villefranche-sur-Saône**

102 B4. Sortir de l'A 6 à Villefranche-sur-Saône. Suivre la direction du centre ville, puis celle de la gare. Laisser la gare sur la droite et continuer tout droit. La place Faubert se trouve à 200 m d'un panneau

indiquant le lycée Faubert. Le magasin se trouve à côté du collège Faubert, le long de la voie ferrée.

Ouvert du lundi au samedi de 9 h à 12 h et de 14 h à 19 h.

CB

212 ■ MONDON LETOURNEUR ☎ 74 64 11 75

Prêt-à-porter féminin.

Marque : **Martine**.

Jupes, chemisiers, tailleurs, robes de style collection boutique. Sur la collection d'hiver : chemisiers en laine, crêpe ou polyester, de 150 F à 270 F ; tailleur en mélange de laine à partir de 550 F. Les retouches sont réalisées gratuitement.

Impasse de la Providence – 69240 **Thisy**

➔ 101 F4. Thisy est situé à 22 km à l'est de Roanne. Du centre du bourg, suivre la direction Cours-la-Ville et Roanne, tourner à droite à l'enseigne Crozet et au niveau des marches qui mènent au parvis de l'église. L'usine est au fond de l'impasse, derrière le portail.

Deux ventes dans l'année, en avril et en octobre, sur deux ou trois jours.

213 ■ NAF NAF JEANS ☎ 72 02 69 02

Vêtements hommes, femmes, enfants. Articles de détente.

Marques : **Naf Naf, Naf Naf Jeans, Chevignon**.

Vente à l'entrepôt, dans une ambiance de fête, des stocks invendus : jeans 150 F ; blouson jean 200 F ; coupe-vent, intérieur doublé, 150 F ; bermuda hommes, marron ou beige, 70 F ; chemise fantaisie hommes, 100 % coton, 70 F ; maillot de bain-bermuda 70 F ; tee-shirt féminin, blanc à rayures horizontales bleues, manches longues, 70 F ; jupe courte, fantaisie ou unie, en coton 70 F ; chemisier 70 F ; robe 150 F ; tee-shirt 50 F. Les ventes Naf Naf Jeans sont toujours un vrai succès populaire.

62, Petit-Chemin-des-Bruyères – 69150 **Décines**

➔ 116 B2. Sortir du boulevard périphérique à la sortie Les Sept-Chemins. Suivre la direction des Sept-Chemins. Après avoir passé devant Continent, tourner à gauche au rond-point dans la direction ZI Roosevelt. Aller tout droit et tourner à droite au panneau « Chemin des Bruyères ». Tourner ensuite à gauche dans le Petit-Chemin-des-Bruyères. L'entrepôt est situé 100 m plus loin, sur la gauche.

Deux ventes dans l'année, en juin et en décembre, sur quatre jours, de 10 h à 19 h, avec une nocturne le vendredi jusqu'à 21 h.

P

214 ■ NEW STOCK ☎ 72 53 91 61

Prêt-à-porter hommes, femmes, enfants. Linge de maison.

Marques : **Thomas Smith, Spiritof**.

Si le sympathique décor de 200 m² de l'ancienne usine Rivoire et Carret invite aux voyages et à l'aventure, les prix d'été de New Stock, eux, ne comportent aucun risque : chemise hommes, de style classique, en coton peigné, en fin de série, 100 F ; caleçon hommes, en coton, coupe bcbg, 59 F, ou 100 F les deux ; boxer de bain, en coton, 100 F ; costume hommes, dégriffé, coupe classique, en pure laine Super 100, 1 250 F ; cravate en soie, 149 F ; chemisier double col, mode classique, en coton peigné, 100 F en fin de série ; pyjama femmes, short ou pantalon, chemise et petit sac, en coton vichy, 235 F l'ensemble ; même ensemble pyjama hommes, à rayures, 235 F. De beaux vêtements et des petits prix ? Destination New Stock !

30, quai Paul-Sédaillan – 69009 **Lyon**

➜ 116 A2. Du centre de Lyon, remonter les quais de la Saône sur la rive opposée à la presqu'île dans la direction de l'île Barbe. Le magasin se trouve dans la cour du Marché commun du meuble, entre le pont Mazarick et le pont de l'île Barbe.

Ligne 31, arrêt Joanès-Carret.

Ouvert du lundi au samedi de 10 h à 12 h et de 14 h 30 à 19 h.

P CB

215 • 216 • 217 PETIT DIABLE ☎ 78 05 41 21

Vêtements enfants de 0 à 16 ans.

Marque : **Petit Diable**.

Trois magasins de fabricant dans le département du Rhône qui vous proposent : robe à 180 F, pantalon à 165 F, bermuda à 119 F, salopette à 145 F. Les prix sont en général inférieurs de 35 % aux prix publics. En période de soldes, des remises de 50 % peuvent être consenties par rapport au prix fabricant.

215 ■ Route de Lyon – 69530 **Brignais**

➜ 116 A2. De Brignais, prendre la direction Oullins et Saint-Genis-Laval. Le magasin se trouve à côté de la Halle aux chaussures, sur la gauche.

Ouvert le lundi et le mardi de 10 h à 12 h 30 et de 14 h à 18 h 30, du mercredi au samedi de 9 h à 12 h et de 14 h à 18 h 30.

P CB

216 ■ 59, Gde-Rue-de-la-Croix-Rousse – 69004 **Lyon** ☎ **72 07 07 44**

➜ 116 A2. De l'hôpital de la Croix-Rousse, se diriger vers la place de la Croix-Rousse. Le magasin est situé sur la droite, après avoir coupé la rue Hénon.

Ligne 13, arrêt Pailleron.

Ouvert du mardi au samedi de 9 h à 12 h 15 et de 14 h à 19 h.

CB

---

217 ■ 811, boulevard de l'Europe
69400 **Villefranche** **☎ 74 65 70 30**

➜ 102 B4. Sortir de l'autoroute à Villefranche et aller tout droit dans la direction de Mâcon. Le magasin est situé sur la gauche, après le garage Opel qui, lui, est sur la droite.

Ouvert du lundi au samedi de 9 h à 12 h et de 14 h à 18 h 30.

P

---

218 ■ PROMOTION CLUB **☎ 78 60 98 32**

Vêtements masculins haut de gamme. Les retouches sont gratuites.

Accueil décontracté dans cette petite boutique où qualité rime avec prix raisonnables : chemises style Lacoste, dans différents coloris, à 80 F ; chemises manches longues, 100 % coton, 240 F ; pantalons en laine Super 100, ou en coton et polyester, 290 F. Le prix des costumes varie de 1 200 F à 1 690 F selon les finitions. Coup de cœur pour un blazer marine à boutons dorés, très classique, finitions soignées, à 730 F. Enfin, les cravates dans les tons mode sont vendues 150 F.

278, rue Garibaldi – 69003 **Lyon**

➜ 116 A2. En se dirigeant sur la rue Garibaldi vers l'avenue Berthelot, prendre la sortie Félix-Faure. Le magasin est situé sur la droite, après la rue de l'Abondance et avant l'avenue Félix-Faure.

Ligne 11, arrêt Bir-Hakeim.

Ouvert du lundi au jeudi de 11 h à 19 h et le vendredi
de 11 h à 19 h 30. Dimanche sur rendez-vous.

---

219 ■ QUADRUS KHÂ **☎ 78 03 02 32**

Prêt-à-porter féminin, très haut de gamme et luxe, de la taille 34 à la taille 48, un certain nombre d'articles tailles 50 et 52. Quelques vêtements hommes.

Marques : **Guy Laroche, Jean-Louis Scherrer, Gaston Jaunet, Michel Klein, Jérôme L'Huillier, Hervé Leger, Anne Dutertre**...

Dans une ambiance mode luxe, accueil sympathique et vente d'articles non moins sympathiques de grands couturiers et de créateurs, fabriqués en partie sur place : robe grand soir, soie perlée, à 2 600 F ; robe de journée à partir de 530 F ; tailleur à partir de 880 F ; manteau à partir de 990 F ; pulls en cachemire, mohair, lambswool, Jacquard ; vestes ; foulards en soie, laine et soie, ou mousseline de soie ; châles ; panchos. Pour les hommes, des chemises et des articles en maille. Une des adresses de choix du guide, que les clientes de Quadrus Khâ conservent jalousement pour elles...

37, rue Lançon – 69100 **Villeurbanne**

116 A2. Se diriger du cours Émile-Zola vers le périphérique. Tourner dans la deuxième rue à gauche après Mondial Textile, au panneau « Déchetterie », rue Francis-de-Pressensé. Après le rond-point, poursuivre tout droit rue du 8-Mai-1945. L'entrée se trouve rue Lançon, à l'angle de la rue du 8-Mai-1945, à côté de Sotal.

Ligne 27, arrêt Lançon.

M Station Flachet.

Ouvert du lundi au samedi de 10 h à 18 h.

P CB

220 ■ STOCK C ☎ 78 60 14 48

Prêt-à-porter hommes et femmes.

Marques : **grandes marques**.

Hommes : chemise à partir de 50 F, veste à partir de 300 F, costume à partir de 800 F, pantalon à partir de 200 F. Sur la collection d'été femmes : chemisier à partir de 50 F, jupe à partir de 50 F, tailleur 500 F.

18, cours Lafayette – 69003 **Lyon**

116 A2. Prendre le cours Lafayette du Rhône dans la direction de la Part-Dieu. Le magasin est situé sur la droite, à l'angle de la rue Pierre-Corneille.

Lignes 1 et 8, arrêt Square-Jussieu.

Ouvert le lundi de 14 h à 19 h, du mardi au samedi de 10 h à 12 h 30 et de 14 h à 19 h.

CB

221 ■ WANNA INDUSTRIE ☎ 78 88 01 03

Tee-shirts, polos et marinières.

Marque : **Wanna**.

Vente d'articles en fin de collection ou avec défaut d'aspect : tee-shirt uni, tee-shirt brodé, sweat-shirt, polo rugby uni ou rayé, gilet, short, chemise, casquette, marinière brodée... Les ventes de Wanna attirent beaucoup de monde, notamment les femmes qui sont venues assister à la vente Dauphitex

656, avenue de l'Industrie – 69140 **Rillieux-la-Pape**

116 A2. De Mammouth Caluire, se diriger vers Rillieux. Tourner à gauche au niveau de Cricket, puis à gauche devant Toyota, à droite au panneau « Fontaines », et enfin à droite dans l'avenue de l'Industrie devant Dauphitex. L'entrepôt est situé sur la droite, après Décibel.

Ligne 58, arrêt Rillieux-Industrie.

Deux ventes par an aux mois de mai et de novembre, sur quatre jours, de 9 h à 17 h, avec une nocturne jusqu'à 21 h. Écrire pour connaître les dates précises.

P

222 ■ CHRISTIAN MARRY ☎ 79 62 01 54

Prêt-à-porter féminin.

Marque : **Christian Marry**.

Vêtements féminins, surtout les tailles à partir du 38 : tailleur, veste, pantalon, jupe, chemisier, tunique (en polyester, viscose, voile, imprimé ou uni). Caleçon à partir de 210 F ; pantalon de 300 F à 400 F ; chemisier à partir de 300 F ; jupe de 270 F à 420 F ; ensemble jupe ou pantalon et polo à 600 F.

389, rue Marcoz – 73000 **Chambéry**

118 A3. Le magasin est situé dans le centre ville, à proximité du jardin du Vernay et du lycée Vaugelas, à l'angle de l'avenue Pierre-Lanfrey et de la rue Marcoz, au fond d'une cour.

Ligne E, arrêt Sécurité-Sociale.

Ouvert du lundi au vendredi de 9 h à 12 h et de 13 h 30 à 18 h.

223 ■ JEANNE BLANCHIN ☎ 76 32 52 90

Prêt-à-porter hommes, femmes, enfants, ainsi que des tissus.

Marque : **Jeanne Blanchin**.

Pull acrylique 99 F, jeans 119 F, survêtement adultes 229 F, survêtement enfants 115 F, robes. Tissus de confection unis et imprimés : viscose à 40 F le mètre, deuxième choix 15 F le mètre.

N 516 – Leschaud – 73240 **Champagneux**

117 E2. Sortir de l'autoroute Lyon-Chambéry aux Abrets et suivre la direction de Chambéry. Traverser Aoste et Saint-Genix-sur-Guiers. À Champagneux, poursuivre dans la direction de Chambéry. Le magasin est situé sur la gauche, à côté de la salle des fêtes.

Ouvert le mardi et le jeudi de 14 h 30 à 19 h ; le mercredi, le vendredi et le samedi de 9 h à 12 h 30 et de 14 h 30 à 19 h.

P

224 ■ HAASE ☎ 50 32 71 03

Prêt-à-porter féminin : articles de sport, gymnastique et détente pour fillettes à partir de 6 ans et pour femmes. Quelques articles pour hommes. Tissus pour la confection.

Marques : **Haase, Tapis Volant** et **grandes marques dégriffées**.

Pourquoi tant de femmes font un détour par Thônes ? Motif invoqué : une superbe région de montagne. Motif inavoué : le magasin d'usine Haase. Car non seulement les touristes y sont bien accueillies, mais en plus on leur propose de quoi se faire plaisir. Il est vrai que Haase fabrique pour un grand couturier parisien de la mode féminine. Les articles sont vendus avec un an de décalage. Femmes : débardeur en coton 50 F ; jupe en coton 50 F ; pantalon à partir de 100 F ; robe en coton 180 F ; maillot de bain une pièce, en Lycra, de 60 F à 160 F ; body en Lycra, ou en coton et Lycra, de 60 F à 150 F ; cycliste et corsaire à partir de 60 F. Hommes : veste polaire (Polartec) 500 F ; polo en coton 100 F. Alors, c'est pour quand, cette petite sortie en montagne ?

Rue Louis-Haase – 74230 **Thônes**

➜ 118 C1. En venant d'Annecy, entrer dans Thônes, franchir le petit pont et, avant d'arriver à l'église, tourner à droite au niveau de l'office du tourisme. L'usine se trouve 200 m plus loin, à droite.

Ouvert du lundi au samedi de 9 h à 12 h et de 14 h à 19 h.

P CB

225 ■ SUFER ☎ 50 03 02 05

Articles de mode féminine.

Marque : **Anne Sufer**.

Débardeurs, blazers, vestes, gilets, chemises, marinières, tuniques, caleçons. Ensembles en maille : pull et pantalon, pull et jupe-short...

ZI des Afforets – 74800 **La Roche-sur-Foron**

➜ 104 C4. À La Roche-sur-Foron, suivre la direction de la Zone industrielle des Afforets. Le bâtiment est grand et vitré.

Ouverture du magasin d'usine en septembre 1995.
Téléphoner pour connaître les horaires exacts.

P

Sports
Loisirs

226 ■ ATELIERS Charles VAUCHIER ☎ 74 77 79 80

Jeux de société.

Marque : **Playbox**.

Jeu de tarot de 78 cartes 17 F ; jeu de 54 cartes à jouer 6 F ; jeu de voyage magnétique, échecs ou dames, 16 F ; jeu de voyage bataille navale 18 F ; jeu de yam's de luxe, avec 5 dés de 26 mm, 32 F ; jeu de dominos, boîte en bois, 18 lignes, cloutés, 31 F ; coffret 35,2 x 27,5 x 3 cm, 16 jeux, 94 F ; tapis de cartes, 40 x 60 cm, feutre envers mousse, 32 F ; piste à dés, diamètre 33 cm, 22 F.

Cité Provisoire – 01590 **Dortan**

➜ 103 F2. D'Oyonnax, suivre la direction de Lons-le-Saunier, traverser Dortan, passer devant la mairie et tourner à gauche, après le feu, dans la direction de la zone industrielle. Tourner à gauche au niveau de Plaskit et aller tout droit. L'usine, un bâtiment blanc dans une cour, est située sur la gauche.

Ouvert du lundi au vendredi de 8 h à 12 h et de 13 h 30 à 17 h 30, fermeture le vendredi à 16 h 30.

P

227 ■ BOUTYCAT ☎ 50 56 02 34

Jouets pour les enfants de 0 à 4 ans et quelques jeux pour les enfants de 4 à 12 ans.

Marque : **Tomy**.

Ce magasin, géré par l'ADAPEI de l'Ain, vend des jouets Tomy neufs en fin de série ou dont l'emballage est abîmé. Petits personnages Sylvanian : 10 F le personnage, 45 F les 5, 30 F les mariés, 40 F la famille, 10 F à 30 F le mobilier. Lampe musicale La Nuit enchantée 125 F ; scène mobile dans l'eau Aquajeu 330 F ; simulateur électronique de conduite pour les enfants à partir de 9 ans de 150 F à 200 F ; course d'obstacles à la bille 68 F ; jeu superfoot 176 F.

Avenue Paul-Langevin – BP 421 – 01200 **Bellegarde**

➜ 104 A3. Sortir de l'autoroute Lyon-Genève à Bellegarde. Se diriger vers Bellegarde, puis suivre sur la gauche la direction Lyon-Paris, aller tout droit jusqu'au rond-point où se trouve La Boîte à outils et le panneau « Samse », suivre la direction Aérodrome. Tourner à gauche au panneau « Lingerie Shop ». L'entreprise est située sur la droite.

Du mois de janvier au mois d'octobre, ouvert du lundi au vendredi de 8 h à 12 h et de 13 h 30 à 17 h 30. Aux mois de novembre et de décembre, ouvert du lundi au samedi de 8 h à 12 h et de 13 h 30 à 19 h. Fermé au mois d'août.

P

228 ■ CYCLES GINET MVC ☎ 75 81 18 30

Cycles.

Marques : **Ginet et MVC**.

Les cycles sont proposés avec une garantie de cinq ans, sauf les VTT (garantie un an). VTT 18 vitesses vendu 1 290 F, vélo garçons ou filles 790 F, vélo dames vendu 790 F, vélo de course à partir de 800 F...

8, rue des Mourettes – ZI des Auréats – 26000 **Valence**

➜ 130 B3. Du centre de Valence, prendre la direction de Grenoble-Romans par l'avenue Victor- Hugo puis celle de Porte-lès-Valence par la D 7. Tourner à gauche au garage Mazda. Le magasin est situé à droite, derrière Zapirain.

Ouvert du lundi au samedi de 9 h à 12 h et de 15 h à 19 h.

P

229 ■ EUROGLISS ☎ 75 02 10 88

Vêtements de sport : combinaisons de ski, survêtements.

Marques : **Matinal, Fun Line, Cimalp, Poudreuse**.

Eurogliss offre différentes opportunités d'achat sur les articles de la collection de l'année précédente et sur les prototypes. Les survêtements Matinal, en tactel doublé de jersey de l'année précédente, sont ainsi vendus 250 F pour les hommes et 180 F pour les femmes ; les shorts en coton, hommes ou femmes, 60 F ; le tee-shirt Fun Line 99 F.

Espace Mossant – 26300 **Bourg-de-Péage**

➜ 130 B2. En venant de Romans par le Pont-Neuf, aller tout droit dans la direction de Valence. Eurogliss est situé sur la gauche, à côté de Charles Jourdan.

Ouvert le lundi de 14 h à 19 h, et du mardi au vendredi de 10 h à 12 h et de 14 h à 19 h.

P CB

230 ■ LAFUMA ☎ 75 31 31 31 ★

Mobilier de jardin, matériel de camping, quelques articles de plein air : fauteuils, transats, parasols, sacs de couchage, sacs à dos, matelats, coupe-vent, anoraks...

Marque : **Lafuma**.

Le magasin propose, par exemple, un transat Flâneuse, armature en tube d'aluminium, déhoussable, à 250 F ; des tentes premier choix, 3 à 5 personnes, de 700 F à 1 000 F ; des vêtements en Gore-Tex, style anorak, à 352 F ; grand choix de cartables en toile enduite, grand cartable d'écolier à 195 F. Les prix sont inférieurs d'environ 20 % à ceux du commerce.

Rue Victor-Lafuma – 26140 **Anneyron**

➜ 130 A1. Sur la N 7 de Chanas dans la direction de Saint-Vallier, tourner au Creux-de-la-Tine à gauche dans la direction d'Anneyron par la D 1. Le magasin est situé à gauche à l'entrée du village, en face de l'usine.

Ouvert du lundi au samedi de 10 h à 12 h et de 14 h 00 à 17 h 00. Une braderie est organisée chaque année la première quinzaine du mois de juin.

P CB

231 ■ ALPES CONFECTION ☎ 76 08 96 95

Sportswear hommes, femmes, enfants.

Marque : **Fastnet**.

Fourrure polaire avec pouvoir adiathermique de 59 % à partir de 300 F, veste Jacquard 400 g/m² à partir de 300 F, polo en microfibre polaire à partir de 150 F, articles avec défaut d'aspect...

127, avenue Ambroise-Croizat – BP 20 – 38921 **Crolles**

➜ 131 F1. Sortir de l'autoroute Grenoble-Chambéry à Crolles (sortie n° 6). Se diriger tout droit vers Crolles-Village. Le magasin est situé sur la droite, à côté de Confi-Fruit et avant la caserne des pompiers.

Ligne 606, arrêt Caserne-des-Pompiers.

Ouvert du lundi au vendredi de 9 h à 18 h, le samedi de 10 h 30 à 17 h.

P CB

232 ■ CYCLES GINET MVC ☎ 76 96 44 30

Cycles.

Marques : **Ginet et MVC**.

Tous les modèles de cycles sont proposés avec une garantie de cinq ans, sauf les VTT (garantie un an). Bicyclette VTT 18 vitesses vendue 1 290 F, vélo dames vendu 1 090 F, vélo de course vendu 1 690 F.

111, rue de la Liberté – ZA du Rondeau – 38180 **Seyssins**

131 E1. Sur l'A 480 dans la direction de Sisteron, sortir à Seyssins. Au rond-point, tourner à droite dans la rue de la Liberté. Le magasin se trouve à droite, dans un parc d'entreprises situé en face de la Banque populaire et de Daytona.

Lignes 50, 51 et 53, arrêt Mas-des-Îles.

Ouvert du mardi au samedi de 9 h à 12 h et de 14 h à 19 h, fermeture à 18 h le samedi.

P

233 ■ DIANA CONFECTION ☎ 76 65 29 92

Vêtements de sport et de loisir hommes, femmes, enfants.

Marque : **Endless**.

Sweats polaires, blousons polaires, coupe-vent doublés polaires à partir de 400 F ; fourrure polaire avec pouvoir adiathermique de 59 %, 400 à 500 g/m^2 à partir de 300 F ; pantalon de ski à partir de 200 F...

ZA Le Plan – 38140 **Renage**

117 F4. Sortir de l'autoroute Grenoble-Lyon à Rives. À Renage, prendre la route nationale en direction de Grenoble. Le magasin est situé à droite, à la sortie de Renage.

Ouvert du lundi au vendredi de 14 h 30 à 17 h 30.
Le samedi, du 1er septembre au 30 avril, de 14 h 30 à 17 h 30.

P CB

234 ■ SOFADITEX ☎ 76 08 45 02

Maillots de bain hommes, femmes, enfants.

Marques : **Ocean Wear, Swim Wear, Pacific Paradise, South Seas, Steamship**.

Grand choix de maillots de bain en Lycra une pièce et deux-pièces, slips, bermudas, cyclistes (planche à voile, surf)... Hommes : maillot de bain surf, 100 % coton, à 80 F ; maillot boxer à 90 F ; maillot de bain slip en Lycra de 40 F à 60 F ; maillot cycliste en Lycra à 50 F. Femmes : maillots de bain une pièce et deux-pièces, unis ou imprimés, en Lycra ou en coton et Lycra, de 70 F à 110 F.

Zone industrielle – 38660 **Saint-Vincent-de-Mercuze**

118 A4. De Crolles, dans la direction de Chambéry sur la N 90, la zone industrielle est située à droite après avoir passé Le Touvet, à la hauteur du village de Saint-Vincent-de-Mercuze.

Ouvert du lundi après-midi au vendredi de 10 h à 12 h
et de 14 h à 18 h 45.

P CB

235 ■ ATAMEC ☎ 77 93 54 69

Armes de chasse.

Marque : **Bretton**.

Tous les modèles de fusils de chasse. Fusil modèle Élite à 3 890 F.

19, rue Victor-Grignard – ZI de Montreynaud
42026 **Saint-Étienne**

➜ 115 E4. Sortir à la Terrasse et se diriger vers la Zone industrielle de Montreynaud. L'usine se trouve à côté du garage Gatti.

Ouvert du lundi au vendredi de 8 h à 18 h,
fermeture à 17 h le vendredi.

P

236 ■ ÉVASION ☎ 77 38 42 76

Vêtements de sport et de loisir hommes, femmes, enfants : fourrures polaires, sweats, surchemises, pulls...

Marque : **Nino Rovil**.

Blousons en Gore-Tex et laine polaire (en jaune, bordeaux, bleu) à partir de 590 F ; blousons d'hiver en laine polaire à 540 F (- 30 % sur les prix en juillet) ; bermudas, du 38 au 46, à 125 F, dans la marque Nino Rovil.

11, rue du Colonel-Marey – 42000 **Saint-Étienne**

➜ 115 E4. La rue du Colonel-Marey se trouve derrière la gare de Chateaucreux. De la gare, prendre la rue Louis-Beaunier, puis la rue du Puits-Thibaud tout de suite à droite derrière la gare. Revenir par la rue du Colonel-Marey, qui est en sens unique.

Ligne 10, arrêt Jules-Janin.

Ouvert du lundi au vendredi de 8 h à 18 h,
fermeture à 12 h le vendredi.

CB

237 ■ LA BOULE NOIRE ☎ 77 50 16 23

Boules de pétanque.

Marques : **La Boule noire, Bucaro, Obut, Intégrale, Boule bleue**.

Boules de pétanque de compétition et articles de sport de pétanque : vêtements, tee-shirts, sacoches... Le prix de la triplette varie de 250 F à

1 210 F. Économie des frais de transport. Possibilité de personnalisation des boules.

12, boulevard des Chauchères
42380 **Saint-Bonnet-le-Château**

115 D4. À l'entrée de Saint-Bonnet, suivre la direction « Vers N 82 », puis tourner à gauche vers la zone industrielle au panneau publicitaire « Obut ». Le magasin est situé à gauche, à côté du musée de la Pétanque.

Ouvert du lundi au vendredi de 8 h à 12 h et de 13 h à 17 h, fermeture à 16 h le vendredi.
Fermé en août et la semaine de Noël au jour de l'an.

P CB

238 ■ LA PYRAMIDE ☎ 77 67 06 27

Tenues de cycliste, tee-shirts et polos.

Marque : **La Pyramide**.

Ensemble cycliste La Pyramide comprenant un maillot en polyester et coton et un cuissard à bretelles en Lycra avec peau synthétique à 320 F ; veste thermique cycliste La Pyramide à 300 F ; blouson vélo doublé polaire à 250 F ; tee-shirt en coton imprimé 99 F ; polo en coton imprimé 129 F. Les tenues de cyclistes sont fabriquées sur place.

17, rue Vauban – 42120 **Le Coteau**

101 E4. En venant de Roanne, franchir la Loire et suivre la direction de Thisy par la rue Carnot. Tourner à droite, au panneau « Aucey », dans la rue Ledru-Rollin. Aller tout droit, couper l'avenue de la République. Le magasin se trouve 250 m plus loin sur la gauche.

Ligne C, arrêt Le Coteau-Étines.

Ouvert du lundi au vendredi de 8 h à 11 h 30 et de 13 h 30 à 17 h 30, le samedi de 9 h 30 à 11 h 30 et de 14 h 30 à 17 h.

P

239 ■ AU BONHEUR DE VIVRE ☎ 78 87 97 25

Jouets premier âge et articles de décoration pour chambres d'enfants de 0 à 12 ans.

Marque : **Au Bonheur de vivre**.

La vente porte exclusivement sur des articles de deuxième choix : mobiles, mobiles musicaux, peluches, hochets, lampes pour chambres d'enfants... Cette vente connaît un grand succès.

ZA des Lots – Malataverne – 69510 **Messimy**

115 F2. De Lyon, passer par Tassin-la-Demi-Lune. Au lieu-dit La Tourette-dans-Craponne, prendre à gauche au rond-point, direction

Saint-Martin-en-Haut et Saint-Symphorien-sur-Coise. Suivre la route des monts du Lyonnais toujours tout droit sur environ 7-8 km. Après Brindas, à Malataverne, prendre à gauche direction Novopac-Boiron dans la Zone artisanale de Messimy. Le fabricant se trouve sur la droite.

Une vente de fins de série un week-end du mois de décembre, le vendredi et le samedi.

P

240 ■ LE GÉANT DU CYCLE ☎ 78 40 81 59

Cycles.

Marques : **Ginet et MVC**.

Cycles en déstockage de l'usine de Vienne. Tous les modèles de cycles sont proposés avec une garantie de cinq ans, sauf pour les VTT (garantie un an). VTT modèle 200 gs à 1 750 F au lieu de 2 190 F, VTT 26 pouces à 990 F au lieu de 1 290 F.

N 6 – 69720 **Saint-Bonnet-de-Mure**

➜ 116 B2. Prendre la N 6 en direction de Saint-Bonnet-de-Mure. Le magasin est situé à la sortie de Saint-Bonnet-de-Mure, en face du supermarché Rallye.

Conseil général du Rhône : ligne T65, arrêt Saint-Bonnet-de-Mure-Centre.

Ouvert du mardi au samedi de 9 h à 12 h et de 14 h à 19 h.

P

241 ■ PYRAGRIC ☎ 78 88 05 50

Feux d'artifice.

Marque : **Pyragric**.

Grand choix de feux d'artifice : cierges magiques, feux de Bengale, fumigènes. Des coffrets prêts à l'emploi sont proposés : Fiesta 1 200 F, Carrousel 3 000 F... Les prix varient de 300 F à plus de 100 000 F pour les fêtards invétérés.

639, boulevard de l'Hippodrome– BP 110
69140 **Rillieux-la-Pape**

➜ 116 A2. À Rillieux, au rond-point Général-de-Gaulle, suivre la direction Caluire et Zone industrielle. L'usine se trouve sur la gauche.

Ligne 59, arrêt Rillieux-Piscine.

Ouvert du lundi au vendredi de 8 h à 12 h et de 13 h 30 à 17 h.

P

242 ■ RONZON ÉTS ☎ 78 48 40 15

Sellerie pour l'équitation.

Articles d'équitation : selles de cheval, colliers, brides, pantalons de cavalier, bottes, casques, cravaches...

142, rue des Tanneries – 69590 **Saint-Symphorien-sur-Coise**

➜ 115 E3. De Lyon, suivre la direction Craponne, Saint-Martin-en-Haut et Saint-Symphorien. À Saint-Symphorien, suivre la direction Sainte-Foy-l'Argentière, puis 500 m plus loin, tourner à gauche dans la rue des Tanneries.

Ouvert du lundi au vendredi de 8 h à 12 h et de 14 h à 17 h 30.

P

243 ■ PALAIS DU SKI ☎ 79 96 30 38

Skis, chaussures de ski, combinaisons, blousons, bonnets, gants...

Marques : **grandes marques**.

Vente de fins de collection. Prix très compétitifs, surtout en fin de saison hivernale.

ZI Les Landiers – 73000 **Chambéry**

➜ 117 F3. Sortir de l'autoroute de Lyon à Chambéry et se diriger vers la Zone industrielle Les Landiers-Nord. Le magasin est à côté de la Halle aux chaussures, de la Halle aux vêtements et de FAP.

Ouvert du 15 octobre au 31 mars, du lundi au vendredi, de 10 h à 12 h et de 14 h 30 à 19 h.

P

244 ■ SNC ☎ 50 22 39 92

Vêtements de sport hommes, femmes, enfants.

Marque : **SNC**.

Prototypes et articles avec défaut d'aspect : fourrure polaire de 350 F à 550 F, anorak de 100 F à 300 F, combinaison de ski de 250 à 1 250 F, pantalon de ski de 100 F à 450 F, blouson de 100 F à 750 F, jogging de 100 F à 150 F, un coin « Tout à 50 F ».

16, rue des Roseaux – 74330 **Épagny**

➜ 118 B1. D'Annecy, suivre la direction de Bourg-en-Bresse, puis celle de Grand-Épagny et du centre des douanes. Dans la rue principale, le magasin est en face de Feu Vert et de Home Salons. La vente se déroule derrière le magasin, dans l'entrepôt.

Ligne 13 Biplus H Express, arrêt Grand-Épagny-Centre.

Plusieurs ventes dans l'année, en général le vendredi et le samedi, de 14 h à 20 h le vendredi, et de 9 h à 15 h le samedi.

P

245 ■ SNC ☎ 50 49 06 77

Vêtements de sport hommes, femmes, enfants.

Marque : **SNC**.

Vente d'articles avec défaut d'aspect : fourrure polaire à partir de 200 F, anorak, combinaison de ski 450 F, pantalon de ski à partir de 250 F, survêtement à partir de 75 F, coupe-vent à partir de 100 F, blouson léger à partir de 60 F, short, polo...

Route des Vignes – 74160 **Saint-Julien-en-Genevois**

➜ 104 B3. Sortir de l'autoroute Lyon-Genève à Saint-Julien-en-Genevois. À Saint-Julien, passer devant la fromagerie Girod et se diriger vers Thairy, Soral. Le magasin est situé dans la zone artisanale, en face du parking d'Intermarché.

Plusieurs ventes dans l'année, en général le samedi, de 9 h à 18 h.

P

246 ■ VERMONT CVSM ☎ 50 52 40 63

Articles de sportswear hommes, femmes, enfants.

Marque : **Vermont**.

Vêtements techniques : fourrure polaire à partir de 300 F, coupe-vent, anorak, parka, surf, sweat-shirt, pantalon de randonnée...

Les Grands Vignobles – 74320 **Sevrier**

➜ 118 B1. En allant d'Annecy vers Albertville, le magasin est situé à la sortie de Sevrier, sur la droite après le rond-point, en face de Provencia et à côté de la clinique vétérinaire.

Ouvert du lundi au samedi de 9 h à 12 h et de 14 h à 19 h.

P CB

247 ■ VTN, Vêtement des temps nouveaux ☎ 50 34 22 78

Vêtements de montagne.

Marque : **VTN**.

VTN fabrique des vêtements professionnels, destinés notamment aux montagnards. Dans le magasin d'usine sont écoulés les collections des années précédentes et les fins de série : fourrure polaire confectionnée en

Polartec à 470 F, coupe-vent, anoraks, pantalons, vestes, gilets, combinaisons de ski, bermudas, shorts...

Avenue de Thezières – BP 6 – 74440 **Taninges**

105 D3. Sortir de l'autoroute à Cluses et suivre la direction de Taninges. Le magasin se trouve en bordure de la nationale en arrivant à Taninges, sur la gauche, juste avant les Saucissons Peguet.

Ouvert du mardi au samedi de 9 h à 12 h et de 15 h à 19 h.
Du 9 mai au 30 juin, ouvert le vendredi de 15 h à 19 h,
et le samedi de 9 h à 12 h et de 15 à 19 h.

P CB

248 ■ VULLI ☎ 50 01 06 20

Jouets.

Marques : **Vulli, Joustra**.

Jouets pour enfants de 0 à 12 ans : jouets, jeux, mobiles, peluches, patins à roulettes, ballons... Microscope à 75 F, téléphérique à 25 F, locomotive musicale à 45 F. Beaucoup de monde à cette vente, pas pour jouer, mais pour faire des affaires.

6, rue des Glières – 74150 **Rumilly**

117 F1. En venant de l'autoroute Lyon-Annecy, sortie Rumilly, prendre la direction Centre ville au premier rond-point et la direction ZAE des Granges au deuxième rond-point. L'usine se trouve en face de l'usine M2 de Tefal. L'accès au magasin est fléché dans l'usine.

Vente les deux premiers samedis de décembre et la semaine de Pâques, de 8 h à 16 h.
Téléphoner pour connaître les dates exactes.

P

Tissus
Linge de maison

249 ■ IMPRESSIONS ET TEINTURES DE TOURNON ☎ 75 08 01 66

Tissus au mètre (coton, coton-laine, lainage léger, soie, viscose), quelques foulards et accessoires (sets de table, cache-théière...).

Ce fabricant propose un grand choix de tissus Liberty : en coton à 99 F le mètre en 90 cm de large, en coton-laine à 100 F le mètre en 90 cm de large, en étamine de laine à 190 F le mètre en 140 cm de large. Le mètre de soie unie est vendu 50 F en 90 cm de large, le châle en étamine de laine 300 F, quelques carrés de soie, trois couleurs, à 250 F, quelques tissus provençaux. Une adresse intéressante surtout pour le grand choix de tissus Liberty.

Route de Lyon – 07300 **Tournon**

➜ 130 A2. Le magasin se trouve dans la rue principale, qui longe le Rhône, à la sortie de Tournon dans la direction de Lyon. Le bâtiment est situé sur la droite.

Ouvert du lundi au vendredi de 14 h à 18 h.
Soldes en janvier et en juillet.

P CB

250 ■ IBE ☎ 75 59 75 75

Tissus confection féminine et ameublement.

Différentes sortes de tissus imprimés : chintz, coton, fibranne à 32 F le mètre ; lin, crépon, viscose à 47 F le mètre ; coupons de tissu à 30 F ; veste de femme en tissu.

Le Bourg – 26760 **Beaumont-lès-Valence**

➜ 130 B3. De Valence, aller successivement à Porte-lès-Valence, à Beauvallon, à Monteleger et enfin à Beaumont-lès-Valence. Dans le bourg, suivre la direction de Valence. L'usine est sur la droite, après le pont, au grand portail blanc.

Ouvert du mardi au samedi de 9 h à 12 h et de 14 h à 18 h, fermeture le samedi à 17 h.

P

251 ■ LES TEXTILES DU ROYANS ☎ 75 47 55 11

Tissus, premier et deuxième choix, en synthétique-acrylique ; draperies pour la confection et l'ameublement.

L'entreprise fabrique de magnifiques Lycra ton sur ton, achetés, entre autres, par de grands couturiers comme Christian Dior. Les tissus en Lycra-polyamide-lin sont vendus 81,50 F le mètre en 150 cm ; les voilages en polyester, 51,20 F le mètre en 140 cm ; le cupro, lavable en machine et infroissable, 78,60 F le mètre en 140 cm ; la viscose-lin-Lurex, 76,20 F le mètre en 140 cm ; le polyester en 150 cm 43,70 F le mètre ; la fibranne-coton-élasthane, dégraissage à sec, 66,20 F le mètre en 120 cm.

Le Village – 26190 **Saint-Laurent-en-Royans**

➜ 131 D2. Le village est situé entre Valence et Grenoble, à côté de Saint-Nazaire-en-Royans. À Saint-Laurent, prendre la direction de Lente par la D 2. L'usine se trouve à 200 m, dans un virage à droite.

Ouvert du lundi au vendredi de 13 h 30 à 17 h 30.

P

252 ■ VALDROME ☎ 75 56 19 36

Tissus provençaux ; quelques vêtements hommes (caleçons), femmes (chemises, jupes, robes), enfants (pyjamas, chemises). Accessoires en tissu provençal : sac à main, trousse de toilette, boîte, porte-photo...

Le magasin offre un grand choix de tissus provençaux, aux coloris superbes : tissus de premier choix à 128 F le mètre en 150 cm et à 140 F le mètre en 180 cm ; tissus déclassés à 60 F le mètre en 150 cm ; carré en tissu coton, 120 x 120 cm, à 60 F ; chemise femmes, en coton, imprimé provençal, à 362 F ; caleçon hommes, à 140 F ; sets de table de 42 F à 86 F. Vente également de coupons de tissu.

135, avenue de Romans – 26000 **Valence**

➜ 130 B3. De Valence, suivre la direction de Romans. Le magasin est situé sur la gauche, après le garage Honda.

Ligne 6, arrêt Basses-Crozettes.

Ouvert du lundi au samedi de 9 h à 12 h et de 14 h à 19 h.

P CB

253 ■ ALPA SOIE ☎ 76 55 59 10

Tissus, soieries.

La fabrique du Grand-Lemps travaille pour le compte de marques renommées. Une cravate en soie vous reviendra à 150 F, un châle en soie à

250 F, un carré de soie à 100 F. On trouve également des foulards de soie à partir de 30 F, des draps de bain à 200 F, des polos pour femmes à 70 F, ainsi que des chemisiers, des caleçons, des maillots de bain femmes, du tissu au mètre et des coupons de tissu... Une adresse intéressante.

✉ Chemin du Barbaillon – 38690 **Le Grand-Lemps**

➜ 117 D4. Sortir de l'autoroute Lyon-Grenoble à Rives et se diriger vers Le Grand-Lemps. Sur la place du bourg, suivre la direction Les Abrets. À la sortie du village, avant de passer sous le pont du chemin de fer, tourner à gauche, puis à nouveau à gauche.

Ouvert du lundi au vendredi de 13 h 30 à 17 h 30,
fermeture le vendredi à 16 h 30.

P CB

254 ■ CATTIN ÉTS ☎ 74 92 20 52

Tissus, soieries.

Marque : **Soieries Cattin.**

Vente essentiellement de crêpe de soie, de mousseline de soie, de coton et de taffetas au mètre, ainsi que de quelques foulards et cravates : foulard uni en mousseline de soie à 60 F, foulard uni façonné à 180 F, foulard en soie imprimé à 350 F, cravate en soie à 180 F.

✉ 4, chemin du Stade – Pré-Sagnet – 38730 **Doissin**

➜ 117 D3. Sortir de l'autoroute Lyon-Chambéry à La Tour-du-Pin et se diriger vers Virieu, Saint-Victor-de-Cessieu, Montagnieu-le-Bas, Doissin. Sur la D 51, tourner à gauche au panneau Doissin-Village. Tourner à droite au panneau « Stade ». L'usine est située immédiatement à droite.

Ouvert le premier lundi ouvrable du mois, de 9 h à 12 h
et de 13 h 30 à 18 h.

P CB

255 ■ STOP TISSU ☎ 74 90 71 50

Tissus pour la confection féminine et pour l'ameublement.

Découvrons le magasin en quelques exemples : tissus en 150 cm, en piqué de coton, à 35 F le mètre ; Lycra-coton à 69,50 F ; coton-lin à 49,50 F ; viscose à 46 F ; jersey à 48 F ; tissus provençaux, 100 % coton, à 49,50 F ; tissus d'ameublement entre 95 F et 115 F le mètre. Des nappes rondes à finir, avec imprimés provençaux, 180 x 250 cm, sont vendues 93 F. Très amusant et original : tissu patchwork, avec carrés rapportés et piqués, en 100 % coton, à 64 F.

✉ Route de Bourgoin – 38460 **Crémieu**

➜ 116 C2. Entre Trept et Crémieu sur la D 517. L'usine est située sur la gauche, au bord de la route, juste avant Crémieu.

Ouvert du mardi au samedi de 9 h à 12 h et de 14 h à 18 h 30.

P CB

256 ■ TEXAFFAIRES ☎ 74 53 44 37

Linge de maison pour la table, la literie et la toilette. Tissus au mètre.

Marques : **Descamps, Dorma, Bassetti, Elve**.

Texaffaires vend les fins de collection de Descamps et des articles dégriffés : grand choix de peignoirs en tissu éponge Descamps, comme ce Roland-Garros de la dernière collection à 350 F et la serviette assortie à 65 F. Régulièrement, des promotions ont lieu sur des articles de deuxième choix comme ces draps de plage à 49 F en 70 x 30 cm. De même, ces gants et serviettes unis, avec défauts plus ou moins importants, à respectivement 8 F et 19 F. Il faut compter environ 180 F pour une housse de couette 200 x 200 cm, 70 F pour la taie d'oreiller, 95 F pour le drap housse. On trouve encore certaines parures de Cacharel. Les nappes rondes de Bassetti sont à 110 F. Également de ravissants peignoirs Descamps pour enfants ou des sacs-matelas à langer à 295 F.

139, avenue du Général-Leclerc – 38200 **Vienne**

116 A3. Du centre de Vienne, se diriger vers la RN 7 dans la direction du sud. Le magasin est situé sur la gauche, en face du lycée technique et avant le garage Renault.

Ligne 7, arrêt Lycée-Technique.

Ouvert du lundi après-midi au samedi de 10 h à 12 h 30 et de 14 h à 18 h 30, fermeture à 18 h le samedi.

CB

257 ■ THÉRÈSE TISSUS ☎ 76 35 95 64

Tissus.

Tissus de confection et d'ameublement : chinz en coton 50 F le mètre, velours 89 F, tissu de Provence 45 F, coton lourd 75 F, polaire 99 F, jersey, satin, tulle, lin, reps, viscosine, Lycra, polyester, ainsi que tissu éponge, cloqué, damassé...

Le Bourg – 38000 **Izeaux**

117 D4. Izeaux est situé entre Beaucroissant et Saint-Étienne-de-Saint-Geoirs. Sur la D 519, à hauteur d'Izeaux, à la station service, prendre la direction d'Izeaux par la rue Pascal.

Ouvert les mardi, mercredi, jeudi, samedi et dimanche de 14 h à 19 h. Ouverture le mercredi à 15 h.

P

258 ■ TISSAGES DE L'AIGLE ☎ 76 87 33 36

Tissus de ville, sport et loisirs.

Marque : **Tissage de l'Aigle**.

Tissu fourrure polaire à 99 F le mètre ; tissu Lycra pour maillot de bain de 83 à 93 F le mètre ; tissu Alcantara à 105 F le mètre ; velours extensible à 83 F le mètre ; tissu en toile lourde, par exemple, pour confection de sac à dos, à 96 F le mètre ; kit pantalon et tee-shirt à 199 F.

5, rue de l'Aigle – 38000 **Grenoble**

➜ 131 E2. Le magasin se trouve dans le centre ville de Grenoble, entre la rue du Colonel-Lanoyerie et la rue Général-Rambaud, à proximité du boulevard Maréchal-Foch et du garage Opel.

Ligne 13, arrêt Marceau.

Ouvert le lundi de 14 h à 19 h, du mardi au vendredi de 9 h à 19 h, le samedi de 9 h à 18 h.

CB

259 ■ TISSAGES DENANTES ☎ 76 93 02 88

Linge de maison, tissus d'ameublement.

Marque : **Tissages Denantes**.

Tissus d'ameublement en motifs classiques anglais de 40 F à 180 F le mètre, service de table en damassé à 35 F le mètre, grand choix de coloris en nappage antitaches, largeur 1,80 m, à 95 F le mètre.
Service confection : rideaux, couvre-lits, fauteuils... Une adresse intéressante.

Boutique La Passion du linge – ZI Les Blanchisseries
38504 **Voiron**

➜ 117 D4. À Voiron, suivre la direction Bourg-en-Bresse et Les Abrets, puis celle de la ZI Les Blanchisseries. L'usine est située en dessous de Dauphi Néon, à proximité de Continent.

Ouvert du mardi au samedi de 9 h à 12 h et de 14 h à 18 h 30.
Braderie anniversaire pendant trois jours, en octobre.
La boutique propose une carte de fidélité.

P CB

260 ■ ART MURAL ☎ 77 69 30 60

Revêtements muraux textiles, tissus d'ameublement, tissus grande largeur.

Marque : **Art mural**.

Vente en premier choix et en déclassé de tissus essentiellement destinés aux décorateurs. Tissu déclassé en fibre naturelle (lin, viscose, coton), vendu de 40 F à 80 F le mètre ; tissus collés sur papier ; tissus sur mousse ; tissus à tendre grande largeur.

✉ 47, rue Jean-Jaurès – 42190 **Charlieu**

➜ 101 E3. Charlieu est situé à 18 km au nord-est de Roanne À Charlieu, suivre la direction de La Clayette et de Charolles. Le magasin est situé sur la gauche, en face de la menuiserie Gonnet.

Ouvert le samedi de 9 h à 12 h.

261 ■ HUGO SOIE ☎ 77 36 52 50

Tissus.

Carrés de soie, cravates, écharpes, châles, tissus au mètre. Carré de soie style carré Hermès à 200 F, cravate en soie à 150 F.

✉ Boulevard de la Loire – BP 104
42170 **Saint-Just–Saint-Rambert**

➜ 115 D3. À Saint-Just, en descendant vers la Loire, tourner à gauche avant le pont. Environ 200 m plus loin, tourner à droite dans la direction CS des Mûriers. Tourner à droite, 200 m plus loin, dans l'allée des Mûriers. L'usine est au bout de l'allée.

Ventes pendant quelques jours en mars-avril et
en novembre-décembre.
Téléphoner pour connaître les dates.

P

262 ■ JALLA ☎ 77 63 00 08

Linge de maison.

Marque : **Jalla.**

Articles des collections des années précédentes ou avec défaut d'aspect : tapis de plage, drap de bain, serviette éponge, peignoir, linge de lit (housses de couette et d'oreiller, draps...). Articles en tissu éponge à partir de 47,50 F le kilo.

✉ Le Bourg – 42630 **Régny**

➜ 101 E4. De Roanne, suivre la direction d'Amplepuis. À Regny, se diriger vers Amplepuis. L'usine est située sur la droite, et le magasin sur la gauche, à côté du cimetière.

Ouvert du mardi au samedi de 10 h à 12 h et de 14 h à 19 h,
fermeture à 18 h le samedi.
Le magasin est fermé de la mi-juillet à la mi-août.

P CB

263 ■ JULIEN FAURE ☎ 77 36 10 00

Articles de mode et haute couture, tissus, rubans, carrés velours.

Marque : **Julien Faure**.

Carrés 100 % soie à partir de 150 F, carrés velours, foulards, cravates en soie 50 F, bretelles brodées 60 F, ceintures brodées 50 F, rouleaux de galon à partir de 25 F, tissus à partir de 30 F le mètre, coupon de tissu 30 F, gilet brodé.

27, boulevard de l'Industrie – ZI de Collonges
42170 **Saint-Just–Saint-Rambert**

➜ 115 D3. À la sortie de Saint-Just vers Andrézieux-Bouthéon, tourner à gauche en direction de la ZI de Collonges. L'usine est située sur la gauche.

Une vente un samedi du mois de mai et une autre un samedi du mois de décembre, de 9 h à 17 h.
Téléphoner pour connaître les dates exactes.

P

264 ■ MEZZALINGE ☎ 77 27 06 51

Tout le tissu et la confection pour la table, la cuisine et la décoration de la maison.

Marque : **Claire de Donzy**.

Le magasin écoule sa production de nappes, serviettes, accessoires de cuisine, plaids et tissus d'ameublement. Nappe ronde en polyester, diamètre 180 cm, antitaches, sans repassage, à 180 F ; nappes rondes déclassées, diamètre 180 cm, à 93 F ; plaid en acrylique, touché cachemire, 270 x 180 cm, à 289 F ; tissu d'ameublement en satin polyester, largeur 180 cm, à partir de 89 F le mètre ; tissu éponge à 109 F le kilo. Confection de nappes sur mesure.

30, boulevard de l'Hippodrome – 42110 **Feurs**

➜ 115 D2. Sortir de l'autoroute Saint-Étienne–Clermont à Feurs et suivre la direction de Saint-Étienne. Le magasin se trouve au bord de l'hippodrome, sur la droite, avant Euroconfort. Il est signalé par une grande enseigne.

Ouvert du mardi au samedi de 10 h à 12 h et de 14 h à 19 h.

P CB

265 ■ RATTI ☎ 77 36 56 53

Tissus pour la confection.

Marques : **Léonard, Balmain, Louis Féraud, Lagerfeld, G. Ferre, Valentino, Jean Patou, Lapidus**.

Griffes haute couture : foulard 90 x 90 cm, en soie imprimée 200 F, en soie unie 80 F ; châle 140 x 140 cm, en soie imprimée 300 F, en soie unie 150 F ; écharpe en soie unie 60 F ; foulard 70 x 70 cm, laine et soie, 60 F ; cravate 80 F ; pochette 30 F ; nappes, tissus...

✉ 2, boulevard Joseph-Cugnot – 42160 **Andrézieux-Bouthéon**

➜ 115 D3. Du centre d'Andrézieux, suivre la direction de l'autoroute de Saint-Étienne. L'usine est située dans la Zone industrielle Nord, sur la gauche, en face des Bennes Marrel, derrière Home Salon et le restaurant-pizzeria Mazarin.

🕘 Deux ventes dans l'année, un samedi aux mois de mai et de novembre, de 9 h à 16 h.
Téléphoner pour connaître les dates exactes.

P

266 ■ SNTS ☎ 77 33 72 58

Tissus en polyester-viscose, polyester-viscose-lin, polyester-Lycra pour la confection féminine.

Ici, on ne vend pas un tissu au mètre mais au rouleau. Ce sont des deuxièmes choix. Un défaut de trame peut aller d'une rayure légère en chaîne jusqu'à un gros défaut rendant le tissu inutilisable. Les prix vont de 5 F le mètre pour un polyester-Lycra jusqu'à 10 F le mètre pour un polyester-viscose. Le prix global dépend bien entendu du métrage restant sur le rouleau – en principe, pas de rouleau en dessous de 25 m.

✉ 49, rue Eugène-Beaune – ZI du Puits-Camille
42000 **Saint-Étienne**

➜ 115 E4. En se dirigeant, dans la rue de La Talaudière, vers le centre de Saint-Étienne, tourner à droite à la place Garibaldi. Suivre la direction Stéphanoise des Eaux et passer devant le cimetière. L'usine est située dans la rue Eugène-Beaune, sur la gauche.

🚌 Ligne 10, arrêt Place-Garibaldi.

🕘 Ouvert du lundi au vendredi de 8 h à 11 h 30 et de 14 h à 17 h 30.

P

267 ■ ATN ☎ 78 91 20 00

Carrés, foulards, écharpes, châles, cravates, coupons de tissus, tissus en soie, soie-laine, viscose...

Cette teinturerie commence tout juste à organiser des ventes d'usine dans un petit local attenant à l'atelier. Elle réalise des ventes communes avec la

Boîte à Soie. Elle craint que son local ne soit trop petit dans quelques mois pour accueillir tous ses clients.

✉ Chemin de la Vosne – 69250 **Neuville-sur-Saône**

➜ 116 A1. À Neuville, au nord de Lyon, suivre la direction de Saint-André-de-Corcy. À la sortie de Neuville, tourner à droite juste avant le bâtiment jaune vif (Établissements Rousseau). Les ateliers sont situés sur la gauche. Attention à ne pas les confondre avec le garage ADM.

Ouvert le premier samedi de chaque mois de 10 h à 18 h.

P

268 ■ BIANCHINI FERIER ☎ 72 07 31 00

Soieries, tissus, cravates, foulards.

Marque : **Bianchini Ferier**.

Réputation de grand soyeux lyonnais oblige, les soies brodées de chez Bianchini Ferier sont magnifiques mais chères, entre 350 F et 450 F en 140 cm. Toutefois, on peut trouver des tissus à la fois raffinés et abordables, comme cette soie en plissés Fortuni de toute beauté n'excédant pas 280 F en 100 cm, ou cette mousseline à 340 F en 140 cm. À côté de ces merveilles, des piqués en coton pour les tenues de jour sont proposées à 200 F environ, en 130 cm, dans toute une gamme de coloris. Certains articles maison, en série limitée, constituent des cadeaux tout à fait originaux, comme les paréos coton (300 F), les draps de bain (600 F), les foulards immenses (500 F), le tout griffé Bianchini Férier.

✉ 4, rue Vaucanson – 69001 **Lyon**

➜ 116 A2. En se dirigeant sur le boulevard de la Croix-Rousse dans la direction du Gros-Cailloux, la rue Vaucanson se trouve à droite après avoir passé la place de la Croix-Rousse sur la gauche. Elle est en sens interdit.

M Station Croix-Rousse.

Ligne 13, arrêt Place-de- la-Croix-Rousse.

Ouvert du lundi au mercredi de 13 h 30 à 17 h, le jeudi de 12 h 30 à 17 h, le vendredi de 13 h 30 à 16 h.

P

269 ■ BOUTON-RENAUD ☎ 78 89 35 35

Soieries, foulards, tissus essentiellement en velours de soie.

Marque : **Bouton-Renaud**.

Voilà un magasin d'usine qui cache de petits trésors. Bouton-Renaud stocke dans une pièce sombre, aménagée à côté des ateliers, le reliquat de ses travaux pour des maisons de haute couture. Vous découvrirez, en furetant : des pochettes de velours peintes à la main à 40 F ; des écharpes en soie à 50 F ; des foulards en soie à 250 F ; des foulards de velours unis à 350 F ; des foulards de velours peints à la main à 450 F. Le magasin vend par ailleurs du tissu de confection au mètre : soie, velours (en viscose, coton ou soie). Une adresse pour les amateurs de belles soieries.

✉ 82, rue Duguesclin – 69006 **Lyon**

➜ 116 A2. Le magasin d'usine est situé à l'angle de la rue Duguesclin et de la rue Crillon.

M Station Foch.

🕐 Ouvert le mardi de 14 h à 17 h, sauf pendant les vacances scolaires. De grandes ventes sont organisées début avril, à la mi-octobre et début décembre, du lundi au vendredi, de 10 h à 19 h.

270 ■ BUCOL ☎ 72 82 19 39

Tissus de confection et d'ameublement.

Marque : **Bucol**.

Au deuxième étage : tissu d'ameublement ; tissu en coton-viscose uni, en 140 cm, à 130 F le mètre. Au troisième étage : tissu de confection ; coupons en soie, soie et laine, coton, velours, à partir de 140 F ; foulards en soie à 100 F, en laine à 200 F.

✉ 18-20, rue Tronchet – 69006 **Lyon**

➜ 116 A2. Le magasin est situé à l'angle de la rue Tronchet et de la rue de Créqui, sur la gauche en se dirigeant vers le Rhône.

M Station Foch.

🕐 Ouvert le mardi et le vendredi de 9 h à 11 h 30.

271 ■ DANY STYLE ☎ 74 05 69 93

Linge de maison, tissus de confection et d'ameublement.

Marque : **Danielle Pontvianne**.

Articles haut de gamme et moyenne gamme en fin de collection ou avec défaut d'aspect : linge de lit (draps, housses de couette), linge de table, accessoires textiles de la cuisine, lingerie (chemises de nuit, pyjamas, caleçons courts, peignoirs), tissus au mètre.

✉ ZI du Mortier – Route N 7 – 69490 **Pontcharra-sur-Turdine**

➜ 115 E1. De Pontcharra, dans la direction de Tarare sur la N 7, tourner à gauche au garage Fiat et au panneau « ZI du Mortier ». L'usine est située au bout de la rue, après Transturdine.

Ouvert du lundi au vendredi de 9 h à 17 h 30 et le samedi de 14 h à 18 h.

P CB

272 ■ GRILLET ÉTS ☎ 74 05 72 65

Linge de maison (table, toilette, literie), rideaux, brise-bise, tissus d'ameublement.

Tissus d'ameublement, idéaux pour double rideaux car traités antipoussière et antimites, vendus de 97 F à 130 F en 140 cm ; panneaux de voilage à partir de 86 F le mètre sur 2,95 m de hauteur ; brise-bise en macramé (voilage de cuisine), hauteur 60 cm, à 119 F le mètre ; parures de lit bébé à 99 F ; tours de lit à 80 F ; serviettes de toilette, 50 x 100 cm, 500 g/m^2, couleur unie, à 42 F ; gants de toilette à 6 F ; torchons en coton, les six à 100 F. Idée cadeau : panier avec serviette de toilette et gant pour 135 F.

1, Grande-Rue – 69490 **Les Olmes**

➜ 115 E1. Sur la N 7 de L'Arbresle vers Tarare, tourner à droite, avant d'arriver à Pontcharra, dans la direction des Olmes par la D 38.

Ouvert du lundi au vendredi de 8 h à 11 h et de 14 h à 17 h.

P

273 ■ GUARD-JAMICRY ☎ 72 37 35 58

Tissus et confections provençales.

Marque : **Jamicry**.

Carré en soie 90 cm 250 F ; cravate en soie 100 F ; châle en laine 280 F ; nappe ronde, 180 cm, 160 F ; nappe rectangulaire, 150 x 190 cm, 200 F ; les six serviettes 90 F ; tapis de bridge 200 F ; jupe à partir de 320 F ; caleçon hommes, 50 F ; tenue complète enfants, 160 F ; chemises, tabliers, ballerines, étuis à lunettes, trousses, sacs, tissus au mètre... Ce magasin fait partie des adresses de choix du guide.

200, rue Léon-Blum – Parc d'activités Léon-Blum
69100 **Villeurbanne**

➜ 116 A2. Sortir du boulevard périphérique à la sortie Villeurbanne-la-Soie et Vaulx-en-Velin. Le parc d'activités est situé sur la droite, après le cimetière de Cusset, en face de la Fédération française de football, à côté de Thyssen-France.

Lignes 16, 64, 68 arrêt cimetière de Cusset.

M Station Laurent-Bonnevay (terminus).

Ouvert du lundi au vendredi de 14 h à 17 h.

P

274 ■ JANE C. ☎ 78 60 78 86

Foulards et carrés en soie peints à la main pour femmes.

Marque : **Jane C.**

La vente se déroule dans l'atelier, où l'on peut assister au travail de peinture sur soie. Les deux collections annuelles, printemps-été et automne-hiver, sont vendues, pour l'essentiel, dans les merceries et les instituts de beauté. Quelques exemples : carrés pongé de soie, 90 x 90 cm, motifs floraux ou abstraits, 180 F ; écharpe en mousseline de soie, 50 x 150 cm, motifs floraux, 225 F ; carrés en mousseline de soie, bandes satin, 110 x 110 cm, motifs floraux ou abstraits, 285 F. Les articles des collections précédentes sont vendus avec une remise de l'ordre de 30 % sur ces prix.

65, rue Voltaire – 69003 **Lyon**

➜ 116 A2. Dans la rue Voltaire, l'atelier est situé entre la rue des Rancy et la rue Paul-Bert. L'entrée est à côté de Lynx, et l'atelier se trouve au deuxième étage. Le plus simple est de venir de l'avenue de Saxe et de tourner à droite dans la rue Paul-Bert, puis de se garer à la hauteur de la rue Voltaire et de parcourir, à droite, les 20 m de la rue Voltaire, qui est en sens unique.

Lignes 4 et 18, arrêt Saxe – Paul-Bert.

Ouvert sur rendez-vous.

275 ■ L'ATELIER DE SOIERIE ☎ 72 07 97 83

Soieries imprimées à l'atelier : pochettes en soie à 30 F, foulards, carrés, châles, étoles, cravates, nœuds papillons, pochettes, écharpes en panne de velours, ainsi que des tissus au mètre à partir de 40 F en 90 cm.

Cet atelier lyonnais de soierie est le dernier à pratiquer l'ancienne technique d'impression manuelle. Il est aussi, sous l'impulsion de ses deux jeunes dirigeants, un séduisant atelier de création : foulards classiques, en twill soie, motifs sellier, animalier ou floral, de 250 F à 550 F ; foulards d'artistes, en édition limitée, spécialement dessinés par Daniel Buren ou tirés des œuvres de Cocteau, Braque, Arroyo, à partir de 700 F ; superbes écharpes et étoles en mousseline bande satin, motif floral ou animalier, à partir de 180 F, en 40 x 140 cm ; très belle panne de velours Jacquard peinte à la main, 115 x 115 cm, motif floral ou géométrique, 950 F ; cravate 100 % en soie, classique ou création, à partir de 150 F. Un atelier qui donne envie de tout acheter !

33, rue Romarin – 69001 **Lyon**

➜ 116 A2. En se dirigeant du Rhône vers la place des Terreaux par la rue du Puits-Gaillot, tourner dans la rue à droite en arrivant place des Terreaux. Entrer, 20 m plus loin, dans la première cour à droite. Se garer au parking en sous-sol de la place des Terreaux ou de l'Opéra.

Station Hôtel-de-Ville.

Lignes 3, 6, 13, 19, 20, 21, 22, 44, arrêt Hôtel-de-Ville.

Ouvert du lundi au samedi de 9 h à 12 h 30 et de 14 h à 19 h. Possibilité d'assister à l'impression traditionnelle sur soie en prenant rendez-vous. Parking autocar possible sur trois emplacements gratuits. Plan d'accès fourni sur demande.

CB

276 ■ LA BOÎTE À SOIE ☎ 78 52 06 08

Foulards, carrés, châles, cravates, écharpes, pochettes, tissus.

Marques : **Jean Dessès, Laurent d'Herval, Julie Delize, Nathalie B., Leonard, Karl Lagerfeld**.

Très agréable accueil à la Boîte à soie, où l'on n'hésite pas à sortir quantités de foulards et d'écharpes pour guider votre choix. Une écharpe 100 % mousseline de soie, peinte à la main, vous revient à 180 F avec bande satin rapportée et 160 F sans bande satin. La même écharpe imprimée, sans création manuelle, vous coûtera 140 F avec bande satin et 90 F sans. Coup de cœur pour de magnifiques foulards tissés avec impression velours à 450 F. Également des carrés de soie à partir de 120 F ; des cravates en soie à 180 F ; des écharpes pour homme en soie à 130 F ; des pochettes en soie pour homme à 45 F, pour femme à 25 F ; des petites mousselines à mettre dans les cheveux à 39 F ; du tissu en soie de 125 F à 400 F le mètre ; du tissu de robe de mariée.

3, quai Sarrail – 69006 **Lyon**

➜ 116 A2. Le magasin est situé sur le quai Sarrail, entre la place Maréchal-Lyautey et la rue Cuvier. Parking à proximité sur le bas port.

Ligne 4, arrêt Foch-Roosevelt.

Station Foch.

Ouvert du mardi au samedi de 10 h à 12 et de 14 h à 19 h.

CB

277 ■ LA BOUTIQUE TOUSOIE ☎ 78 28 22 36

Foulards, soieries et tissus.

La Boutique Tousoie abrite dans son petit espace tout ce qui compte en matières soyeuses, à l'exception de la soie sauvage, qui n'est pas fabriquée en France : mousselines 100 % soie en promotion à 100 F en 140 cm ; taffetas de soie à 185 F en 140 cm. Mais aussi de superbes piqués de coton à 140 F en 140 cm ou des Lycra-coton à 80 F en 140 cm. Dans une corbeille magique, on découvre des coupons en soie-lin à 100 F (1,80 m en 140 cm) ou en bourrette de soie d'une dimension suffisante pour se confectionner une robe longue ou un petit tailleur. Des foulards à 350 F et des cravates à 150 F peuvent accessoiriser vos tenues. En conclusion, cette adresse, aussi petite qu'elle soit, a sa place parmi les grandes.

3, Petite-Rue-des-Feuillants – 69001 **Lyon**

116 A2. La Petite-Rue-des-Feuillants se trouve derrière la place Tolozan, au pied de la Croix-Rousse.

Lignes 71, 58, 8, arrêt Hôtel-de-Ville – Louis-Pradel.

Ouvert du lundi au vendredi de 9 h à 12 h 30 et de 14 h à 18 h 30.

278 ■ MALFROY MILLION ☎ 72 39 33 66

Écharpes haute couture, châles, foulards, carrés de soie, cravates...

Marques : **Malfroy Million et grandes marques de la haute couture**.

On est immédiatement séduit par le foisonnement des matières, la richesse des coloris et les prix de ce fabricant créateur. Les foulards et étoles de marque, aux défauts infimes, sont vendus de 250 F à 300 F, en 70 x 70 cm. Les petites écharpes en mousseline valent 150 F les deux, les paréos en lin et viscose entre 80 F et 150 F, et tout un assortiment de cravates en soie est proposé à 130 F. Également des bretelles en soie à 250 F, des nœuds papillons à 90 F et des chouchous en soie pour les cheveux à 15 F. Le fabricant est très connu pour ses twills, 90 x 90 cm, style carré Hermès, en premier choix à 400 F, ou avec défaut à 300 F. Fouillez dans les cartons sous les tables de présentation : on y trouve des tissus absolument superbes. Un petit bijou de magasin !

153, route de Vourles – BP 33 – 69564 **Saint-Genis-Laval**

116 A2. En se dirigeant de Lyon vers Marseille sur l'autoroute, sortir à Pierre-Bénite-Sud. Prendre la sortie Basses-Barolles après avoir passé devant Mammouth. Tourner à gauche au feu dans la direction Parc d'activités Villa-Mercedes.

Ligne 10, arrêt Saint-Genis-Laval. De Bellecour, rue de la Charité, prendre la destination Basse-Barolles.

Ouvert le lundi et le jeudi de 10 h à 18 h, et tous les jours sauf le samedi du 1er au 4 juin et du 16 novembre au 31 décembre.

P

279 ■ SETB ☎ 78 64 52 29

Soieries : foulards, écharpes, carrés, cravates.

Marques : **Castel Foulards, Jiacomo**.

Grand choix de foulards superbes pour l'été, fond mousseline avec dessins viscose, peints à la main, à 350 F, en 115 x 115 cm ; en satin, mêmes dimensions, à 350 F ; en mousseline, 110 x 110 cm, à 300 F. Les écharpes, en satin de soie, sont vendues 200 F, en mousseline 170 F. D'immenses foulards en satin, 140 x 140 cm, sont proposés à 450 F. Les twills complètent la gamme, au prix de 300 F. De qualité haut de gamme, les articles sont vendus à des prix inférieurs d'environ 50 % à 60 % aux prix des boutiques qui distribuent des foulards de marque.

12, chemin des Gorges – 69570 **Dardilly**

116 A2. En venant de Lyon, sortir de l'autoroute de Paris à la sortie Le Tronchon. Suivre la direction Briday Pneu et tourner à droite devant Briday Pneu. La zone industrielle est située en contrebas de l'autoroute à côté de Pernod et de Black et Decker. La société SETB se trouve sur la droite, bâtiment 14.

Ligne 19, arrêt École-d'Agriculture.

Téléphoner pour prendre rendez-vous. Demander Josette.

P

280 ■ TEXAFFAIRES ☎ 78 85 74 45

Linge de maison et de toilette.

Marques : **Descamps, Dorma, Bassetti, Elve**.

Vente d'articles en fin de collection : drap de plage Descamps 80 x 175 cm à partir de 140 F, drap deux places de marque à partir de 140 F, taie d'oreiller à partir de 35 F, serviette éponge de marque 50 x 100 cm à partir de 49 F. Également des peignoirs, des housses de couette, des draps housse, des couettes, des nappes...

301, cours Lafayette – 69006 **Lyon**

116 A2. Dans la direction de Villeurbanne, le magasin est situé sur la gauche du cours Lafayette, entre la rue Baraban et la rue d'Alsace.

Ligne 1, arrêt Alsace.

Ouvert le lundi de 14 à 19 h et du mardi au samedi de 10 h à 19 h.

P CB

281 ■ TEXTILE GMC ☎ 78 87 12 17

Linge de maison, tissus d'ameublement et d'habillement.

Marque : **Laura Lancelle.**

Ici, tout pour la maison : du tissu 100 % coton pour chambres d'enfants de 58 F à 98 F le mètre ; création Laura Lancelle, 100 % coton, à 60 F le mètre en 150 cm ; des nappes, 180 x 180 cm, à 126 F ; des nappes rondes, diamètre 180 cm, à 134 F, à finir ; des tissus d'ameublement en 160 cm à tous les prix ; des voilages de 20 F à 130 F le mètre. Pour l'habillement, des lins mélangés, aux coloris raffinés, de 50 F à 100 F le mètre, de la bourrette de soie à 110 F en 145 cm, des soies unies à 154 F le mètre. Également intéressants, des tissus style patchwork américain, de 40 F à 65 F le mètre. Les paiements par carte de crédit sont acceptés à partir de 100 F d'achat.

5, route de Paris – 69570 **Dardilly**

116 A2. Après Tassin, suivre la direction Roanne–Tour-de-Salvagny. Passer devant l'hôtel Mercure sur la gauche. Environ 600 m plus loin, un panneau sur la droite indique « Tissu GMC ». Prendre le chemin à droite. L'usine se trouve au bout du chemin, sur la droite.

À Tassin : ligne 86, arrêt Verrières.

Ouvert du lundi au vendredi de 14 h à 19 h,
et le premier samedi du mois de 8 h 30 à 12 h et de 14 h à 19 h.

102 C4. L'usine se trouve sur la D 27B, à l'entrée de Saint-Trivier, sur la droite. Elle est indiquée par le panneau « Sogepo ».

P

282 ■ TOILES DE MAYENNE ☎ 78 42 74 86

Tissus d'ameublement pour sièges, rideaux, dessus de lits, tentures murales, essentiellement en coton. Un grand choix de coloris : uni, écossais, rayé ou coordonné.

Marque : **Toiles de Mayenne**.

Le magasin n'a pas de stock mais dispose de tous les échantillons. Les commandes sont transmises à l'usine, qui livre directement le client sous dix jours, en assurant un travail sur mesure. Tissu damassé pour sièges, traité antisalissure, lavable, 12 coloris disponibles, 132 F le mètre pour une largeur de 160 cm ; tissu armuré pour sièges à 152 F le mètre pour une largeur de 150 cm ; tissu mural piqué à 135 F le mètre pour une largeur de 280 cm.

49, rue Franklin – 69002 **Lyon**

116 A2. Le magasin est situé entre la rue de la Charité et la rue Auguste-Comte.

Arrêt Franklin.

M Station Ampère.

Ouvert du mardi au samedi de 9 h 30 à 12 h 30 et de 14 h à 19 h.

CB

Vaisselle
Poterie

283 ■ SOGEPO VINCENT FRÈRES ☎ 74 55 81 02

Pots en terre cuite pour jardin, fabriqués en machine.

Ce fabricant vend un peu aux particuliers : poterie, diamètre 43 cm, à 284 F ; poterie, mêmes dimensions, couleur sable, avec décor de fruits, à 170 F ; poterie monumentale à 378 F ; stelle à 250 F ; vase Médicis, diamètre 50 cm, hauteur 52 cm, à 233 F ; jarre 216 F ; petites jardinières avec décoration en couleurs, peinte à la main, entre 15 F et 20 F.
La plupart des pots ne sont pas traités contre le gel.

Route de Villars – 01990 **Saint-Trivier-sur-Moignans**

➜ 102 C4. L'usine se trouve sur la D 27B, à l'entrée de Saint-Trivier, sur la droite. Elle est indiquée par le panneau « Sogepo ».

Ouvert du lundi au jeudi de 8 h à 12 h et de 13 h 30 à 17 h.
Fermé au mois d'août.

P

284 ■ FAÏENCERIE DU POËT-LAVAL ☎ 75 46 41 03

Vaisselle, luminaires et accessoires de décoration en faïence.

Marque : **Amalgames.**

Vente de fins de série et de faïences de deuxième choix. Collection fabriquée pour Habitat, couleur unie, verte ou jaune : assiette plate 20 F, assiette à dessert 15 F, bol à céréales 15 F. Collection Louis XV, couleur bleue, orange ou jaune : assiette plate 20 F, plateau 30 F, saladier 50 F ; ravier peint à la main 30 F ; plat ovale, forme Cousange, 90 F ; saladier, même forme, 90 F ; théière décorée 50 F ; grandes lampes à partir de 200 F ; cache-pot 50 F...

Le Bourg – 26160 **Le Poët-Laval**

➜ 144 C1. Le magasin est situé à 25 km à l'est de Montélimar, entre Dieulefit et Le Poët-Laval. Sortir de l'autoroute à Montélimar-Nord, prendre la direction de Dieulefit, passer Le Poët-Laval. L'usine se trouve à 2,5 km avant Dieulefit, sur la gauche.

Ouvert du lundi au vendredi de 8 h à 12 h et
de 13 h 30 à 17 h, fermeture à 16 h le vendredi.

P

285 ■ POTERIE JARS ☎ 75 31 40 40

Vaisselle en grès.

Marque : **Jars**.

Assiette, pot ou plat à 75 F, bol à 25 F, articles avec défaut d'aspect ou en fin de série.

Quartier Rapon – 26140 **Anneyron**

➜ 130 A1. Sortir de l'autoroute Lyon-Marseille à Chanas et se diriger vers Saint-Vallier. Au Creux-de-la-Tine, tourner à gauche dans la direction d'Anneyron. L'usine est située sur la gauche, avant d'arriver à Anneyron.

Ouvert du lundi au vendredi de 8 h à 12 h et de 13 h 30 à 17 h 30, fermeture à 16 h 30 le vendredi.

P

286 ■ REVOL PORCELAINE ☎ 75 03 99 99

Vaisselle et bibelots en porcelaine.

Marque : **Revol**.

Grand choix de vaisselle : plats, saladiers, assiettes, tasses, bols, plateaux, pots... Porcelaine avec défaut d'aspect, vendue 49 F le kilo. Prix inférieurs de 20 % à 60 % à ceux du commerce.

3, rue Hector-Revol – 26240 **Saint-Uze**

➜ 130 A1. Sortir de l'autoroute A7 à Chanas. Suivre la direction de Saint-Vallier par la nationale, puis celle de Saint-Uze. Dans le centre de Saint-Uze, suivre, derrière l'église, à côté de la Caisse d'épargne, la rue Hector-Revol jusqu'au bout.

Ouvert du lundi au samedi de 10 h à 12 h et de 14 h à 18 h.

P CB

Index des magasins

L'index des magasins est classé par ordre alphabétique.
Les numéros à droite correspondent aux numéros des établissements dans l'ordre croissant du texte.

Index des marques

L'index des marques commercialisées dans les magasins d'usine est classé par ordre alphabétique.
Les numéros à droite correspondent aux numéros des établissements dans l'ordre croissant du texte.

Index géographique

L'index géographique regroupe les magasins dans les huit départements. Les numéros correspondent aux numéros des établissements dans l'ordre croissant du texte.

Faites-nous connaître...

La qualité des magasins évolue, certains sites non sélectionnés peuvent devenir intéressants, et d'autres, retenus dans le guide, présenter un intérêt moindre. Certains magasins déménagent, ferment, de nouveaux se créent...

Informez-nous, donnez-nous vos avis et suggestions. Ils nous seront précieux pour la prochaine édition du guide.

Nous aurons le plaisir de vous envoyer notre lettre d'information en échange de toute nouvelle adresse sélectionnée.
Cette lettre vous renseignera sur les ***ventes ponctuelles*** *d'usine, les nouveaux magasins intéressants, les changements d'adresse...*
Si cette lettre d'information vous intéresse, envoyez-nous vos coordonnées.

Vous pouvez nous écrire à l'adresse suivante :

GUIDE DES MAGASINS D'USINE
BP 17
69641 Caluire Cedex

Coordonnées du magasin d'usine

Dénomination ______________________ Tél. : ______________

Adresse ____

____

Code postal └┴┴┴┴┘ Ville ______________________________

Nature des ventes ______________________________________

____

____

____

Marque(s) ____

____

Votre avis ____

____

____

____

Faites-vous connaître

Nom ______________________ Prénom ______________________

Adresse ____

____

Code postal └┴┴┴┴┘ Ville ______________________________

Je suis intéressé par votre lettre d'information ❑ oui ❑ non

Comment avez-vous connu le guide ? ____________________

____

Que pensez-vous du guide ? ____________________________

____

____

____

Quels sont vos secteurs d'activité préférés ? ____________

____

____

____

Quels sont les magasins qui vous ont le plus plu ? ________

____

____

____

Envoyez-moi de nouveaux exemplaires de cette fiche ❑ oui ❑ non

GUIDE DES MAGASINS D'USINE

BP 17

69641 Caluire Cedex